autoformation

François Weiss

Jeux et activités communicatives dans la classe de langue

HACHETTE

Mes remerciements chaleureux

- à Jacqueline la compagne de ma vie et la mère de nos enfants qui a relu lucidement mon manuscrit ;
- à Catherine et à Philippe qui ont supporté ma non-directivité atténuée ;
- à Simonne Lieutaud et à Gilbert Dalgalian qui restent toujours mes « prothèses » synergiques ;
- à mes anciens coauteurs avec qui j'ai écrit « En effeuillant la marguerite », « Parler pour... » et « Gammes » ;
- à tous les élèves et étudiants australiens, allemands, britanniques qui ont bien voulu jouer avec moi ;
- aux enseignants des antipodes, du Moyen-Orient, d'Europe et d'ailleurs que j'ai entraînés à communiquer ;
- aux stagiaires d'un seul été qui ont subi mon cirque ludique.

Dessins de
Pierre Colin : pp. 24, 72.2, 73.1, 111 ; Joan Schatzberg : pp. 72.1, 73.2, 74, 75.

ISBN 2-01-015788-5

© Hachette 1983. 79, boulevard Saint-Germain – F 75006 PARIS.
Tous droits de traduction, de reproduction et d'adaptation réservés pour tous pays.
La loi du 11 mars 1957 n'autorisant, aux termes des alinéas 2 et 3 de l'article 41, d'une part, que les « copies ou reproductions strictement réservées à l'usage privé du copiste et non destinées à une utilisation collective », et, d'autre part, que les analyses et les courtes citations dans un but d'exemple et d'illustration, « toute représentation ou reproduction intégrale ou partielle, faite sans le consentement de l'auteur ou de ses ayants droits ou ayants cause, est illicite » (alinéa 1er de l'article 40).

Sommaire

pages
- 5 **Introduction**
- 9 **Exercices préliminaires**
  - 9. Se présenter/Présenter quelqu'un
  - 10. Ce que j'aime
  - 11. « Que savez-vous de la France et des Français ? »
  - 12. « La France, qu'est-ce que c'est pour vous ? »
- 13 **Technique de libération de l'expression orale**
  - 13. Le remue-méninges
  - 15. Le jeu de rôle
- 17 **Avec des chiffres et des nombres**
  - 18. Fiche 1 : Effacez ! (variantes)
  - 20. Fiche 2 : Loto des nombres (variante)
  - 22. Fiche 3 : Au suivant (variantes)
- 23 **Avec des lettres et des mots**
  - 24. Fiche 4 : Le pendu
  - 25. Fiche 5 : Mots croisés
  - 26. Fiche 6 : Combien de mots dans le mot « maison »
  - 27. Fiche 7 : Devinettes - Charades
  - 29. Fiche 8 : Mots coupés
  - 30. Fiche 9 : Quel est l'intrus ? (variante)
  - 31. Fiche 10 : Quel est le contraire de... ?
  - 32. Fiche 11 : Le mot insolite (variante)
  - 34. Fiche 12 : Jeu de l'alphabet
  - 35. Fiche 13 : Devinez ce que j'ai caché (variantes)
  - 36. Fiche 14 : Vrai ou faux ? (variante)
  - 37. Fiche 15 : « Vous vous êtes trompé, monsieur » (variantes)
- 41 **Des questions**
  - 42. Fiche 16 : Documents visuels (variantes)
  - 52. Fiche 17 : Le détective (variante)
  - 53. Fiche 18 : Chasse au trésor
  - 54. Fiche 19 : Vous savez tirlipoter ?

55 Situations de communication
  A. Travail à partir de dialogues
  56. Fiche 20 : Dialogues incomplets (variantes)
  59. Fiche 21 : Répliques mélangées
  61. Fiche 22 : Questions - Réponses
  62. Fiche 23 : Où dites-vous ? (variantes)
  65. Fiche 24 : Garçon, un steak-frites, s'il vous plaît !

  B. Travail à partir de documents divers
  67. Fiche 25 : Gros titres
  69. Fiche 26 : Ma maison/Ma sœur
  70. Fiche 27 : Le début et la fin
  72. Fiche 28 : Dessins humoristiques (variante)

77 Mimes, sketches et jeux de rôles
  78. Fiche 29 : Mime : qu'est-ce qu'il fait ? (variantes)
  80. Fiche 30 : Sketches
  81. Fiche 31 : Jeux de rôles
  82. Fiche 32 : En voiture, s'il vous plaît !
  83. Fiche 33 : L'auto-stop (variante)
  84. Fiche 34 : En famille
  85. Fiche 35 : Réactions spontanées

87 Créativité
  88. Fiche 36 : Création de mots nouveaux (variantes)
  90. Fiche 37 : Création de phrases et de récits à partir de matrices (variante)
  92. Fiche 38 : Conséquences (variantes)
  95. Fiche 39 : Concassage ou qu'est-ce qu'on peut faire avec une gomme ?
  96. Fiche 40 : Avec des si...
  97. Fiche 41 : Moi, j'emporterais... (variantes)
  99. Fiche 42 : Récit collectif (variantes)
  101. Fiche 43 : Association de mots et d'idées (variantes)

103 Pour se détendre
  104. Fiche 44 : Pigeon vole (variantes)
  106. Fiche 45 : Deux pas à gauche
  107. Fiche 46 : De bouche à oreille
  108. Fiche 47 : Où est la gare ? (variantes)
  111. Fiche 48 : Et si on dessinait ? (variante)
  113. Fiche 49 : Un peu de mémoire
  115. Fiche 50 : Qu'est-ce qui a changé ? Qu'est-ce qui est différent ? (variante)
  116. Fiche 51 : J'aime les fleurs mais je n'aime pas les arbres (variantes)

121 *Bibliographie*

123 *Tables analytiques*

Introduction

Le présent ouvrage est la somme de l'élaboration, de l'expérimentation et de la mise en pratique, tant au niveau de l'enseignement secondaire qu'à celui de l'enseignement aux adultes, d'activités et de techniques destinées à faciliter l'expression orale et, plus rarement, écrite. Notre souhait est de donner envie aux professeurs de français, langue étrangère ou langue seconde, de pratiquer ces activités et techniques à leur tour en les adaptant aux besoins de leur public et à leur situation d'enseignement.

Si nous voulons que nos élèves acquièrent une compétence de communication qui leur permette de résoudre les problèmes qu'ils auront à affronter dans différentes situations de communication en France ou dans leur pays (au contact de francophones), il faut créer, à leur intention, des situations qui leur permettent un entraînement utile et stimulant. Et cela dans le cadre étroit et artificiel de la salle de classe. Tel est notre objectif.

Il faut souligner :
— qu'il ne s'agit ici ni d'exercices scolaires dans lesquels un résultat précis, unique, est attendu ;
— ni d'exercices qui seront notés individuellement ;
— mais qu'il s'agit dans la majorité des cas de travail collectif ou par petits groupes.

Il importe donc beaucoup de créer dans la salle de classe un climat de franchise, de tolérance, de non-compétitivité afin de favoriser les discussions, les échanges dans une communication aussi authentique que possible.

Présentation et guide d'emploi

Le public visé est celui de l'enseignement secondaire et celui de l'enseignement aux adultes.

Les activités et exercices sont regroupés sous les sept rubriques suivantes, sans ordre de difficulté croissante :

1. Avec des chiffres et des nombres.
2. Avec des lettres et des mots.
3. Des questions.
4. Situations de communication.
5. Mimes, sketches et jeux de rôles.
6. Créativité.
7. Pour se détendre.

Les exercices sont présentés sous forme de fiches comprenant :

a. un **titre** donnant des indications sur la nature de cet exercice.

b. un, deux ou trois **astérisques** pour indiquer le **niveau** du public concerné :

✱   niveau débutant : 1re et 2e années d'apprentissage du français

✱✱   niveau moyen : 3e et 4e années d'apprentissage

✱✱✱   niveau avancé : à partir de la 5e année d'apprentissage.

L'indication de ces niveaux n'a qu'une valeur relative. Il appartient à chaque enseignant de choisir les exercices en fonction des connaissances acquises par ses élèves.

c. la définition d'un **objectif** général pour toute une rubrique et quelquefois un objectif plus précis pour certains exercices.

d. le **déroulement** des exercices décrit de façon simple, souvent sous forme de consignes à donner directement aux élèves. Il est illustré quelquefois d'exemples pris dans différents contextes scolaires. Dans bien des cas le déroulement proposé peut et doit être modifié ou adapté aux besoins immédiats de la classe.

Certains exercices comportent des *variantes* qui sont également présentées.

Choix méthodologiques

Les lignes de force méthodologiques qui ont déterminé le choix des procédures, des activités et des techniques retenues dans cet ouvrage sont :

1. le travail de groupe
2. les exercices de simulation
3. le jeu et les exercices de créativité.

1 Le travail de groupe

Lorsqu'on observe et que l'on analyse le déroulement d'une classe de langue, on est frappé par la domination quantitative et qualitative qu'exerce l'enseignant. Non seulement son temps de parole est si élevé que les élèves n'ont que trop rarement l'occasion de s'exprimer mais en plus c'est lui qui a la quasi-exclusivité de l'initiative des interactions : les élèves doivent souvent se contenter d'exécuter les ordres donnés par l'enseignant et de répondre à ses questions. Ce schéma de communication ne favorise pas l'interaction entre élèves et il est illusoire de vouloir leur faire acquérir une certaine compétence de communication dans ce cadre rigide.

Afin de leur permettre de communiquer, d'échanger, de discuter, il est indispensable de briser la structure rigide du groupe classe-enseignant et de mettre les élèves en *petits groupes* à l'intérieur desquels ils pourront agir et réagir comme dans une véritable interaction sociale.

Ce mode de travail exige un changement d'attitude aussi bien de la part de l'enseignant que de celle des élèves. L'enseignant doit accepter de perdre une partie de son pouvoir ainsi que son rôle de chef d'orchestre, car le travail de groupe :

– doit se dérouler dans une atmosphère non contraignante de franchise et de coopération ;

– exige la participation de chacun selon ses moyens et l'égalité de tous à l'intérieur du groupe ;

– ne doit pas être compétitif : il ne s'agit pas de démontrer aux autres qu'on est meilleur mais il s'agit de partager avec eux.

2 Les exercices de simulation

Le cadre matériel de la salle de classe est loin d'être l'endroit idéal favorable à une communication authentique. Il faut donc recourir aux techniques de simulation[1] afin de proposer aux élèves une variété de situations dans lesquelles ils pourront se trouver et dans lesquelles ils seront obligés d'utiliser la langue étrangère. La classe de langue permet d'utiliser à bon escient les talents théâtraux des élèves au cours :

– des **exercices de dramatisation** dans lesquels ils jouent les rôles des différents personnages dont ils reproduisent les dialogues tels qu'ils apparaissent dans les méthodes actuelles ;

– des **sketches** ou saynètes que les élèves peuvent inventer, écrire, mettre en scène et jouer devant leurs camarades ;

– des **jeux de rôles,** qui, à la différence du sketch, ne sont pas préparés à l'avance et au cours desquels chaque participant doit réagir instantanément comme dans un dialogue normal.

---

1. Voir bibliographie, n°s 3 et 4.

3 Le jeu et les exercices de créativité

Les jeux dans la classe de langue ne devraient pas être considérés comme de simples activités « bouche-trou » pour terminer une leçon ou pour meubler une dernière heure de classe avant les vacances ou encore comme une récompense pour une classe qui a bien travaillé.

La motivation ludique – l'envie et le plaisir de jouer – peut grandement contribuer à animer les classes de langue et à permettre aux élèves de s'impliquer davantage dans leur apprentissage en prenant plaisir à jouer avec les mots, les phrases et les textes qu'ils créeront individuellement et collectivement.

Les jeux et les exercices de créativité leur permettront d'utiliser de façon nouvelle, personnelle, le vocabulaire et les structures acquis au cours des leçons en les faisant sortir du cadre, du contexte, de la situation dans lesquels ils les ont appris. Cette utilisation nouvelle et personnelle constitue un palier capital dans tout apprentissage, palier qu'il est souvent difficile d'atteindre à l'aide des exercices courants proposés par les différentes méthodes.

Sans vouloir prétendre que l'on peut tout apprendre en groupe, en simulant ou en jouant, il est certain que l'approche ludique peut enrichir de façon significative la pratique pédagogique. Elle implique cependant de la part de l'enseignant un changement de rôle et d'attitude, il sera avant tout un animateur, quelquefois un arbitre, souvent une personne ressource – une espèce de dictionnaire ambulant que les élèves peuvent consulter au cours de ces activités et exercices. Il ne devra jamais oublier que les résultats obtenus (les réponses des élèves) lui échappent en grande partie et qu'il n'aura pas besoin de les noter.

Voilà. Faites vos jeux ! Engagez la partie.

LE JEU EN VAUT LA CHANDELLE !

I Exercices préliminaires

Afin d'illustrer les choix méthodologiques et afin de familiariser les enseignants avec les techniques prônées et privilégiées dans notre démarche pédagogique, voici quelques exercices qui pourront servir de mise en train[1].

Objectif
Faciliter la formation du groupe et se familiariser avec son fonctionnement.

1 Se présenter
(exercice individuel)

Déroulement
Demandez à chaque élève de se présenter en donnant son nom et son prénom et d'ajouter une phrase quelconque dans laquelle il émet une opinion personnelle sur un sujet de son choix ou dans laquelle il donne une information sur lui-même ou encore dit ce qui lui passe par la tête. Une simple phrase suffira comme :
« Je m'appelle Joan Clark et je suis très timide. »
« Je m'appelle Mike Buckby. J'adore le beaujolais. »

2 Présenter quelqu'un
(exercice en tandems)

Déroulement
Demandez aux élèves de former des groupes de deux en choisissant, de préférence, quelqu'un de la classe qu'ils ne connaissent pas ou qu'ils ne connaissent pas bien.
Puis vous leur donnez les consignes suivantes :
« Vous allez maintenant vous interviewer chacun à tour de rôle pour mieux vous connaître. Vous avez cinq minutes pour

---

1. Pour ces exercices préliminaires, aucune indication de niveau n'est donnée. Si le niveau linguistique des élèves est insuffisant, ces exercices peuvent se faire en langue maternelle.

EXERCICES PRÉLIMINAIRES

poser des questions à votre camarade. Vous avez le droit de lui poser n'importe quelle question, mais, attention, il (ou elle) n'est pas obligé(e) de répondre aux questions auxquelles il (ou elle) ne veut pas répondre ou qui lui paraissent trop personnelles. Vous transcrivez ces réponses sur une feuille de papier. Au bout de 5 minutes, on change de rôle, l'interviewé devient intervieweur. »

Au bout de dix minutes, vous arrêtez les interviews et vous demandez à chacun de présenter ainsi le camarade interviewé (**sans regarder les notes prises** au cours de l'interview) : « *Je vous présente Ann Miller. Elle a 16 ans. Elle habite...* »

A la fin de chaque présentation, celle ou celui qui a été présenté pourra faire des remarques, ou des corrections, ou des mises au point.

3 Ce que j'aime
(exercice individuel – en tandems et en groupes)

Déroulement
- travail individuel

Vous demandez à chacun de vos élèves de faire une liste, sous forme de mots-clés, de tout ce qu'il aime dans la vie, qu'il s'agisse d'art, de musique, de loisirs, de sport, de nourriture... Cette liste doit comprendre au moins dix choses qu'il aime et qui peuvent être d'ordre général comme le rock, la peinture abstraite, le sport, ou plus précises comme la planche à voile, la glace à la vanille, collectionner des boîtes d'allumettes, la pêche à la ligne, etc.

Vous pouvez donner le vocabulaire qui manquerait.

- travail de groupe

Au bout de cinq minutes, vous demandez aux élèves de se mettre par groupes de trois et de comparer les listes : chacun présente sa liste aux deux autres et note les similitudes et les différences.

- négociation – sélection

Puis vous demandez à chaque groupe d'établir une liste commune de **cinq** activités, passe-temps, ou objets à partir des listes individuelles et de les classer par ordre de préférence de 1 à 5. Tout le groupe doit être d'accord sur cette liste.

- mise en commun

Lorsque la sélection a été faite, on demande à chaque groupe d'inscrire sa liste sur le tableau puis on compare ces listes. On peut essayer, à partir de ces listes, et si le temps le permet, de faire une liste commune à toute la classe.

Variante 1

Au lieu de partir de ce que les élèves aiment, vous pouvez leur proposer la même démarche à partir de :
– ce qu'ils n'aiment pas, ce qu'ils détestent ;
– ce qui leur fait peur dans la vie.

4 « Que savez-vous de la France et des Français ? »

Objectif

Faire découvrir les avantages et la valeur dynamique du travail de groupe.

Préparation

Parmi les rubriques suivantes, vous choisissez celles qui peuvent convenir à votre public ou celles qui sont susceptibles de l'intéresser :
– Les mots français qu'il connaît (pour des débutants complets) ;
– les villes de France ;
– les montagnes ;
– les fleuves ;
– les régions ou provinces ;
– les monuments ;
– les vins ;
– les plats typiques ;
– les personnages historiques ;
– les écrivains ;
– les dates de l'histoire de France ;
– les chanteurs ;
– les vedettes de cinéma ;
– Les chansons françaises ;
– les pays où l'on parle français ;
– les pays entourant la France ou ayant une frontière commune avec la France.

Déroulement

Ayant choisi une rubrique, vous demandez à chaque élève de faire une liste où il note toutes ses connaissances sur cette rubrique, par exemple les pays qui entourent la France.

Lorsque chaque élève a établi sa liste, vous les mettez d'abord deux par deux, puis quatre par quatre, pour comparer et compléter leurs listes.

● mise en commun

Dès qu'un groupe a terminé sa sélection, vous demandez à un participant d'écrire la liste des groupes sur le tableau, de sorte

EXERCICES PRÉLIMINAIRES

que toutes les listes puissent être lues et comparées. A partir de ces listes vous pouvez constituer une liste unique pour toute la classe. Vous pouvez également réfléchir avec vos élèves sur la valeur du travail de groupe où les connaissances des uns peuvent enrichir celles des autres.

Variante 1

« La France, qu'est-ce que c'est pour vous ? »

Déroulement

Tout comme pour l'exercice précédent, vous demandez à vos élèves de faire individuellement une liste, sous forme de mots-clés, de tout ce que leur suggère le mot *France* : « Qu'est-ce que c'est pour vous la France ? Qu'est-ce que le mot *France* représente pour vous ? Essayez de trouver au minimum 10 aspects différents. »

● Vous leur donnez quelques minutes pour faire une liste dont voici quelques échantillons donnés par des élèves d'une classe terminale en Angleterre :

- le vin
- le parfum
- la grande bouffe
- le béret
- Azincourt
- le champagne
- l'amour
- les gauloises
- la 2 CV
- les escargots
- la baguette
- de Gaulle
- la pétanque
- la tour Eiffel
- rouler à droite
- l'odeur d'ail
- Jeanne d'Arc
- les vacances
- la mode
- le pourboire
- Paris

● Une fois que chacun a fait sa liste, vous mettez les élèves par groupes de deux et vous leur demandez de se mettre d'accord sur une liste commune de 5 réponses.

● Du groupe de deux, vous passez à des groupes de quatre, puis à des groupes de huit avec chaque fois comme consigne d'établir une liste unique de 5 réponses et ainsi de suite jusqu'à ce qu'il y ait une liste commune de 5 réponses pour toute la classe.

Afin d'éviter trop de temps morts, vous pouvez exiger des groupes d'arriver à une liste commune, chaque fois, en moins de cinq minutes.

Attention... il ne s'agit pas d'arriver à une solution modèle, parfaite. Ce qui est important, c'est la discussion, la négociation, la communication et non le résultat final.

II Techniques de libération de l'expression orale

Nous avons privilégié deux techniques qui nous semblent les plus aptes à déclencher une interaction et une communication aussi authentique et impliquante que possible à savoir : le remue-méninges[1] et le jeu de rôles.

1 Le remue-méninges

Objectif
Mobiliser rapidement des solutions pour résoudre un problème ou un conflit.

Déroulement
Vous proposez aux élèves un problème réel ou imaginaire tel que :
– Que faire pour améliorer la circulation dans une grande ville ?
– Où passer la nuit dans une ville lorsque tous les hôtels sont complets ?
– Vous devez choisir un cadeau pour votre professeur de français. Qu'est-ce que vous allez lui offrir ?

● Tout d'abord le professeur demande aux élèves de donner oralement toutes les solutions possibles et imaginables qui leur passent par la tête et inscrit ces solutions sous forme de mots-clés au tableau sans les commenter. On accepte toutes les réponses, qu'elles paraissent sérieuses, réalistes, inadéquates...

Il faut encourager les élèves à s'exprimer le plus librement possible.

Afin de faire participer tous les élèves à cet inventaire rapide de solutions, vous pouvez instituer la règle du jeu suivante : chaque élève devra donner au moins une réponse. Ensuite, chacun pourra proposer autant de solutions qu'il voudra.

---

1. C'est Louis Armand qui a proposé ce mot pour traduire le terme américain « brain-storming » en le calquant sur l'expression bien française de « remue-ménage ».

LIBÉRATION DE L'EXPRESSION ORALE

● Puis les élèves poseront des questions à leurs camarades sur les solutions proposées qu'ils n'auront pas comprises ou sur lesquelles ils aimeraient avoir des éclaircissements.

« *Qui a proposé telle chose et pourquoi ?*

Qu'est-ce que ça veut dire... ?

Qu'est-ce que tu veux dire par... ? »

La règle du jeu ici est que celui qui est interrogé peut donner n'importe quelle réponse, elle sera toujours acceptée.

« *J'ai proposé cela parce que ça me paraissait drôle.*

Je ne sais pas pourquoi j'ai dit ça. »

● Ensuite vous formez des groupes de 4 ou de 5 élèves qui devront choisir 4 ou 5 solutions proposées au cours du remue-méninges ou en trouver d'autres sur lesquelles tout le groupe doit se mettre d'accord.

● Enfin chaque groupe donnera les solutions retenues et les inscrira côte à côte sur le tableau et expliquera la raison de son choix. Chaque membre du groupe lira une des solutions retenues et justifiera ce choix.

Remarque : Il faut être conscient de la valeur libératrice de l'exercice. Il est évident que, si vous proposez un problème concret ou personnel, vous devez être à même d'en accepter les résultats.

Si vous demandez à vos élèves de faire un remue-méninges sur la façon d'améliorer le cours de français, vous vous exposez au risque d'entendre un certain nombre d'appréciations, pas forcément positives, tout comme dans le cas du choix du cadeau pour le professeur de français ; par exemple, ce dernier s'est vu offrir :
– un meilleur accent en français ;
– un dictionnaire ;
– une veste neuve ;
– une autre paire de lunettes ;
– un aller simple en France ;
– un aller simple n'importe où.

Variantes

La technique du remue-méninges peut être utilisée de différentes façons dans la classe. On peut, par exemple, pour certains exercices, se contenter de la première phase qui permettra de faire une liste, un inventaire rapide de différentes solutions possibles. Elle sera utilisée, en particulier, dans les exercices de créativité lexicale, structurale et dans la rédaction de récits à partir de matrices ou de canevas.

– Cette technique peut également être utilisée soit pour faire démarrer un débat, soit pour le remplacer. Ainsi au lieu d'essayer de faire parler les élèves du mariage, par exemple, on peut leur proposer :

1 de faire, sous forme de mobilisation rapide de solutions, une liste des avantages et une autre liste des désavantages du mariage,

2 de choisir en groupes, 5 avantages et 5 désavantages,

3 éventuellement de conclure en essayant de transformer la liste finale des désavantages en avantages !

Bien que ce schéma soit structuré en phases successives bien délimitées à des fins d'efficacité pédagogique, il ne faut pas en devenir esclave mais l'adapter aux besoins et à l'humeur de la classe.

2 Le jeu de rôles

Objectif

S'entraîner à réagir spontanément dans différentes situations de communication.

Déroulement

Pour amorcer un jeu de rôles, on expose un problème réel ou imaginaire ou une situation conflictuelle à toute la classe. L'enseignant se contente de présenter cette situation ou ce problème et d'en indiquer les personnages sans donner de précisions sur la façon dont ils pourraient ou devraient se comporter. Il se contentera par exemple de présenter le jeu de rôles suivant de cette manière :

« Votre fille a seize ans. Elle vous annonce au cours d'un repas en famille qu'elle va partir en Irlande à moto avec un copain. »

Rôles : le père, la mère, la fille et le frère. Vous pouvez laisser une minute à vos élèves pour réfléchir à ce problème, puis vous leur demandez de prendre un rôle – ou vous attribuez les rôles à différents élèves. Vous mettez quatre chaises face à face deux par deux et vous dites aux élèves qu'ils sont à table. A eux de jouer ! Vous leur dites qu'ils pourront s'arrêter quand ils voudront mais qu'ils devraient quand même arriver à une solution ou à un compromis.

Remarques : Pour faire cet exercice, il est évident que les élèves doivent se sentir à l'aise et prêts à collaborer. Le reste de la classe suit le déroulement du jeu de rôles. Il est bon de présenter des variantes de comportement : par exemple, le père peut être autoritaire, intraitable, sympathique, indifférent, etc.

LIBÉRATION DE L'EXPRESSION ORALE

Un certain entraînement est nécessaire pour arriver à faire jouer les élèves, d'où la nécessité de passer, dans certains cas, par la dramatisation et les sketches de plus en plus libres et improvisés avant d'entamer les jeux de rôle.

Tout comme pour le remue-méninges, il faut être conscient des implications psychologiques de cet exercice – qui ne doit pas devenir thérapeutique.

> # 1 Avec des chiffres et des nombres

1 Effacez !
  – *Variantes*

2 Loto des nombres
  – *Variante*

3 Au suivant
  – *Variantes*

Objectif
Entraîner les élèves à reconnaître et à utiliser les nombres.

✱ Effacez !   1

Préparation
Vous inscrivez sans ordre précis des nombres sur le tableau parmi ceux que vos élèves connaissent déjà.

Déroulement
Vous lisez un de ces nombres à haute voix et vous désignez un élève qui doit aller effacer ce nombre.

Variante 1

Sur votre tableau divisé en deux parties A et B, vous écrivez, par exemple, 25 nombres sur chaque partie. Puis vous divisez la classe en deux groupes A et B. Vous lisez ensuite ces nombres l'un après l'autre et un membre du groupe A va l'effacer s'il est inscrit sur la partie A ou un membre du groupe B s'il est inscrit sur la partie B.

Chaque groupe peut se mettre d'accord sur l'ordre dans lequel les élèves se rendent au tableau pour effacer le nombre lu.

Au lieu de faire effacer le nombre, vous pouvez demander aux élèves de l'entourer d'un cercle. Après un certain entraînement, un élève peut lire les nombres à votre place.

✱ Variante 2

Préparation
Si vous voulez rendre ce jeu encore plus compétitif, vous pouvez procéder de la façon suivante. Vous écrivez une trentaine de nombres sur le tableau de la façon suivante :

```
           5
              70           22
    1   63        61
             66              0
                         4
          32  29   47          10
                      65   45
   58
        9  64    7
                       69    8
                                    67
         6   56  48   43
                    2       3   33
                      36
```

18   JEUX ET ACTIVITÉS COMMUNICATIVES

Déroulement

Votre classe est divisée en deux groupes. Vous demandez à un membre de chaque groupe de venir au tableau. Les deux joueurs sont placés de chaque côté du tableau, une craie de couleur différente à la main, rouge pour un groupe et verte pour l'autre. Vous dites un nombre et le premier qui le repère sur le tableau l'entoure d'un cercle. Pour chaque nombre les joueurs changent. Le groupe vainqueur sera celui qui aura le plus de nombres entourés d'un cercle de la même couleur.

* # Loto des nombres 2

Préparation
Vous demandez à chaque élève d'inscrire 4 nombres différents entre 1 et 30 de la façon suivante sur une feuille.

1	7
13	26

2	9
7	12

1	30
17	12

Déroulement
Vous dites des nombres entre 1 et 30 dans n'importe quel ordre et vous les écrivez sur le tableau – pour ne pas dire deux fois le même nombre.

Les élèves cochent ou entourent d'un cercle les nombres qu'ils ont inscrits sur leur feuille au fur et à mesure que vous les dites. Celui qui aura coché ou entouré ses 4 nombres sera le gagnant.

Variante
Au lieu de demander à vos élèves d'inscrire leurs nombres sur une feuille, vous pouvez préparer ou faire préparer par vos élèves 36 cases comme indiqué à la page suivante :

Vous distribuez une feuille à chaque élève. Pour la lecture des nombres, vous procédez de la même façon que pour l'exercice précédent... mais n'oubliez pas que vos nombres ne vont que de 1 à 20 !

Au lieu de cocher les nombres et... d'abîmer les feuilles qui pourront être utilisées avec d'autres classes, vous demandez aux élèves de cacher leurs nombres, au fur et à mesure que vous les donnez, à l'aide d'un bout de papier. Dès qu'un élève a recouvert ses quatre nombres, il doit les écrire en toutes lettres sur une feuille pour que vous puissiez en vérifier l'orthographe.

Après vérification, vous lui attribuez une place au classement général comme à l'arrivée d'une course : premier, deuxième, troisième... vingt-neuvième... dernier ou lanterne rouge. Vous ne les classez que lorsque l'orthographe des nombres est correcte.

Pour terminer, vous pouvez demander à chacun de donner sa place au classement général : « *Je suis premier... Je suis cinquième... Je suis trentième.* »

1	9		1	12		3	10		8	15		7	12
11	16		10	17		12	19		16	17		18	19

5	11
14	16

5	12		7	10		14	19		16	14		6	15
14	17		19	20		16	17		6	17		17	18

3	11
13	20

6	12		2	11		4	12		4	10		4	13
17	18		13	16		14	19		15	17		15	20

8	11
18	19

8	10		2	10		5	14		2	8		9	11
14	15		12	15		16	19		17	19		19	20

3	12
14	15

3	9		2	9		9	12		7	16		9	14
6	18		11	20		17	18		17	18		15	16

5	13
15	18

9	13		7	9		1	7		6	12		4	11
18	19		13	16		18	20		13	15		13	18

1	8
10	15

AVEC DES CHIFFRES ET DES NOMBRES

∗ Au suivant 3

Déroulement

Vous demandez à un élève de commencer à compter, puis de s'arrêter et de désigner un camarade qui doit continuer puis désigner à son tour un autre camarade, etc.

Par exemple, Jean commence : « *Un, deux, trois. A toi, Jacques.* » « *Quatre, cinq... A toi, Sylvie.* » « *Six, sept... etc.* »

Variante 1

Vous divisez la classe en deux groupes, le groupe de droite et le groupe de gauche. Et vous expliquez la règle du jeu suivante :

« Je vais dire différents nombres. Chaque fois que je dirai un nombre, je désignerai soit quelqu'un du groupe de droite, soit quelqu'un du groupe de gauche. Le groupe de droite devra me donner le nombre qui vient après celui que j'ai dit et le groupe de gauche devra me donner le nombre qui le précède. Ainsi, si je dis *22* et si je désigne quelqu'un du groupe de droite, il devra dire *23*, et si je désigne quelqu'un du groupe de gauche, il devra dire *21*. »

Vous marquez les points de chaque groupe sur le tableau pour désigner le vainqueur.

∗ Variante 2

Le plus rapide

Déroulement

Votre classe est divisée en deux groupes. Les élèves de chaque groupe se mettent l'un derrière l'autre pour former deux files devant le tableau.

Vous donnez une craie de couleur différente au premier de chaque file. Vous dites un nombre que les deux élèves doivent écrire au tableau. Le premier qui écrit le nombre correctement marque un point pour son groupe.

Ils donnent la craie aux deux suivants et ainsi de suite jusqu'à ce que tous les élèves aient participé au jeu.

On fera compter les points par les élèves pour désigner le vainqueur.

2 Avec des lettres et des mots

4   Le pendu

5   Mots croisés

6   Combien de mots dans le mot « maison »

7   Devinettes - Charades

8   Mots coupés

9   Quel est l'intrus ?
    – *Variante*

10 Quel est le contraire de... ?

11 Le mot insolite
    – *Variante*

12 Jeu de l'alphabet

13 Devinez ce que j'ai caché !
    – *Variantes*

14 Vrai ou faux ?
    – *Variante*

15 « Vous vous êtes trompé, monsieur »
    – *Variantes*

Objectif
Entraîner les élèves à épeler, à découvrir l'orthographe et le sens de certains mots.

* Le pendu   4

Déroulement

Vous choisissez un mot connu des élèves et vous écrivez la première et la dernière lettre de ce mot au tableau sous la forme suivante :

      F . . . . . E
      (FENÊTRE)

Les élèves doivent deviner le mot en moins de 9 questions. Ils peuvent commencer à chercher les voyelles d'abord, puis les consonnes. Ils vous demandent par exemple :

« Est-ce qu'il y a un « a » ? »

Vous dites non et vous commencez à dessiner les différents éléments de la potence et les membres du corps du pendu au fur et à mesure que vous devez donner des réponses négatives aux questions des élèves.

Pour chaque réponse négative, vous ajoutez un nouvel élément au dessin dans l'ordre suivant :

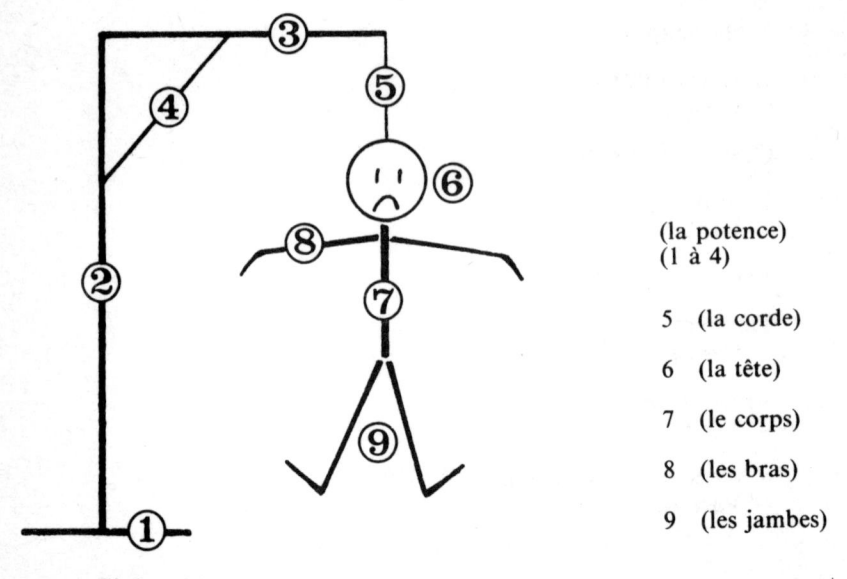

(la potence)
(1 à 4)

5   (la corde)

6   (la tête)

7   (le corps)

8   (les bras)

9   (les jambes)

Si les élèves ne trouvent pas le mot, ils sont pendus et ils perdent !

L'élève ou le groupe qui a trouvé la bonne réponse propose un autre mot.

A un niveau plus avancé, vous pouvez proposer des noms plus longs, en particulier des adverbes en *-ment* comme *invariablement* pour terminer par le mot français le plus long : *anticonstitutionnellement.*

24   *JEUX ET ACTIVITÉS COMMUNICATIVES*

* Mots croisés 5

Déroulement

Même sans être dévoré par la passion que les cruciverbistes nourrissent à l'égard des mots et de leurs définitions, vous pouvez entraîner vos élèves à découvrir des mots à partir d'une grille simplifiée et vous pouvez les encourager à fabriquer de nouveaux mots croisés[1].
Voici quelques exemples. Demandez-leur de retrouver des mots cachés :

- ayant trait à la maison :

```
C..M..E          CHAMBRE
   .                A
   .                I
   O                S
   .                O
   .                N
```

- ayant trait aux professions :

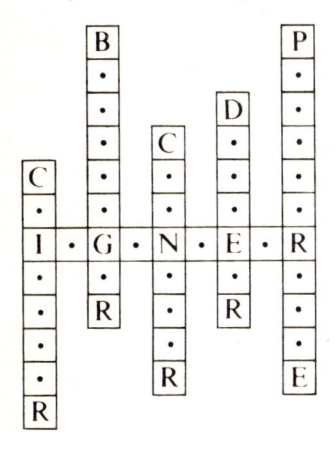

```
      B        P              B              P
      .        .              O              H
      .        .              U       D      O
      .   C    D              L       O      T
   C  .   .   .               A   C   C      O
   .  .   .   .          C    N   H   T      G
   I.G. N .E. R           O    G   A   E   U  R
   .  .   .   .          I    E   T   U      A
   .  R   .   R          F    R   E   R      P
   .      .   .          F        U          H
   .      R   E          E        R          E
   R                     U        
```

- Vous pouvez aussi leur demander de trouver différents mots d'une même catégorie à partir des lettres d'un mot de cette catégorie, par exemple : des fruits, à partir du mot *orange* :

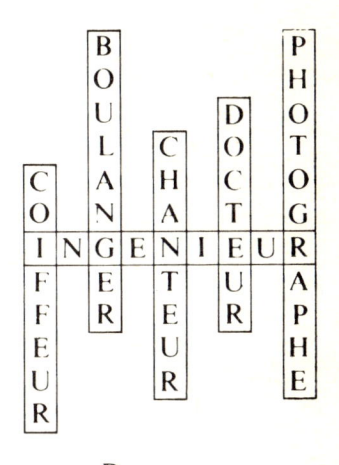

```
            P
            o    A    B
         P  i    n    a           c
         O  R    A    N    G    E
         m  e    n    a    r    r
         m    a    e    i
         e    s    n    s
                   a    e
                   d
                   e
```

---

1. Pour les mots croisés, voir également Fiot, *Le français par les mots croisés* dans la collection « Textes en français facile », Hachette.

AVEC DES LETTRES ET DES MOTS

** Combien de mots dans le mot « maison » 6

Déroulement

Demandez aux élèves de chercher tous les mots qu'ils peuvent former à partir des lettres d'un mot, en le décomposant et en recombinant les lettres dans un ordre différent.

Ainsi avec *maison*, on peut former, entre autres, les mots suivants :
mai, mais, main, mois, moi, soin, ma, mon, on, si, sa, son, sain, nom, os, nos, ami, an, aimons, soit, etc.

Chaque groupe cherchera à trouver le plus grand nombre de mots en un temps donné (3 à 5 minutes).

Voici quelques autres mots que vous pouvez proposer à vos élèves : *table, carte, parapluie, secrétaire, tomate, cartable, serviette*. Vous pouvez mettre ces mots au pluriel, ce qui augmentera les possibilités de transformation.

*, ** et *** Devinettes - Charades 7

Déroulement

Vous choisissez un mot connu de vos élèves et vous leur faites deviner ce mot à partir de définitions plus ou moins nombreuses et précises selon les niveaux.

1. Elle est blanche.
   Il y en a en hiver.
   Qu'est-ce que c'est ?

2. Il vient le matin.
   Il apporte les lettres.
   Qui est-ce ?

3. Elles peuvent être de différentes couleurs.
   On les offre.
   Elles piquent.
   Qu'est-ce que c'est ?

4. Elles sont souvent rouges.
   Elles mûrissent en été.
   Elles ont des noyaux.
   Qu'est-ce que c'est ?

Réponses : 1. *la neige* 2. *le facteur* 3. *les roses* 4. *les cerises.*

Bien entendu, vous pouvez demander à vos élèves de trouver des définitions pour des mots choisis par eux et qu'ils pourront soumettre à leurs camarades.

Les **charades** reposent sur le même principe que les devinettes avec une forme plus structurée : il s'agit de deviner un mot à partir des définitions des différentes parties **phonétiques** de ce mot.

1. Ainsi *salon* peut se décomposer en deux mots : *sa* et *long* qui peuvent donner la charade suivante :
   Mon premier est un adjectif possessif féminin.
   Mon deuxième est le contraire de court.
   Mon tout est une pièce dans une maison ou dans un appartement.

2. Pour le mot *grammaire*, vous pouvez proposer les définitions suivantes :
   Mon premier est le contraire de maigre.
   ou *Mon premier* est souvent associé avec le porc.
   Mon deuxième entoure les îles.
   ou *Mon deuxième* est un membre de ma famille.
   Mon tout est très important dans l'apprentissage d'une langue.

AVEC DES LETTRES ET DES MOTS

3. Le mot *parapluie* peut se décomposer en *pas-rat-pluie*.

   Je fais *mon premier* en marchant.
   Mon deuxième est un petit animal de la même famille que les souris.
   Mon troisième tombe du ciel.
   Mon tout me sert à me protéger de mon troisième.

Les exercices se font plus facilement lorsque l'on dispose de dictionnaires. Demandez à vos élèves de fabriquer des charades à partir des mots suivants : *Paris, couleur, animal, pantalon, silence, appartement, chocolat.*

Attention, on a le droit de décomposer le mot comme on veut, ainsi *chocolat* peut être décomposé en *choc-au-là* ou en *chaud-cola*.

Les définitions peuvent devenir de plus en plus discriminantes et même poétiques comme dans la charade sur le mot : *orange*.

   Mon premier est un métal précieux.
   Mon deuxième est un habitant des cieux.
   Mon tout est un fruit délicieux.

* Mots coupés 8

Préparation
Vous écrivez sur le tableau dix mots coupés en deux. En voici dix à titre d'exemple.

A	B
1. MAI	PAGNE
2. DIF	GASIN
3. ELE	ETRE
4. CHAM	EILLE
5. MA	ERNE
6. SA	FERENT
7. DIF	FICILE
8. FEN	LADE
9. BOUT	GANT
10. MOD	SON

Déroulement
Les élèves doivent trouver les dix mots en combinant la partie d'un mot de la colonne A avec la partie correspondante de la colonne B. Demandez-leur de relier les deux parties du mot avec un trait, puis d'écrire ces mots.

Attention, quelquefois deux ou plusieurs combinaisons sont possibles, comme pour *malade/salade*[1] et *difficile/différent*.

Encouragez les élèves à les trouver.

---

1. Mais, si l'on choisit *malade*, on ne peut plus utiliser, à droite, *gasin*.

AVEC DES LETTRES ET DES MOTS

* **Quel est l'intrus ?** 9

Préparation

Vous rédigez une ou plusieurs listes de 10 mots connus des élèves telles que :

a. banc	b. ananas	c. chanter
chaise	banane	sauter
armoire	pamplemousse	acheter
table	pomme	aller
lit	poire	chercher
bureau	melon	envoyer
placard	raisin	rentrer
divan	abricot	répéter
tabouret	cerise	trouver
fauteuil	orange	casser

Déroulement

Vous allez lire une liste tout d'abord lentement en faisant une petite pause après chaque mot. Les élèves écoutent mais ne prennent pas de notes. Ensuite vous lisez deux fois cette même liste plus rapidement et sans pauses. Vous la lisez enfin une quatrième fois en changeant un des mots de la liste. Vous remplacez, par exemple, le mot *bureau* par le mot *réfrigérateur*. Les élèves doivent deviner l'intrus et écrire sur une feuille de papier le mot que vous avez changé.

Voici quelques suggestions de mots intrus :
pour la liste a.   *cuisine, fenêtre, escalier* ;
pour la liste b.   *pommier, frite, fraise* ;
pour la liste c.   *sortir, téléphoner, danser.*

** *Variante*

A un niveau plus avancé, vous pouvez faire des listes plus hétéroclites en mélangeant les différentes catégories de mots (boissons, aliments, vêtements, etc.).

* Quel est le contraire de ... ?   10

Préparation
Vous faites une liste de mots qui peuvent avoir des contraires comme :

grand – petit	arriver – partir
blanc – noir	entrer – sortir
ouvert – fermé	monter – descendre
long – court	vendre – acheter
lent – rapide	allumer – éteindre
facile – difficile	parler – se taire
beau – laid	intéressant – ennuyeux
cher – bon marché	fort – faible
blonde – brune	fermer – ouvrir

Déroulement
Vous pouvez faire découvrir le contraire des mots en les lisant les uns après les autres ou en les incluant dans une petite phrase comme par exemple :
Diana est grande.
Cette feuille est blanche.
La fenêtre est ouverte.
Les cheveux sont longs.
Etc.

Cet exercice peut se faire oralement en interrogeant un élève après l'autre ou par écrit avec toute la classe.

AVEC DES LETTRES ET DES MOTS

** Le mot insolite — 11

Préparation
Vous écrivez sur le tableau ou vous distribuez à vos élèves une feuille avec des séries de mots telles que celles-ci :
1. pomme, viande, *couteau*, frite, soupe
2. Pierre, Paul, André, *Jacqueline*, Bernard
3. mouton, cheval, poisson, souris, *fourchette*
4. vert, *petit*, bleu, blanc, jaune
5. *été*, mai, juin, août, octobre
6. pantalon, chemise, *lunettes*, chaussette, veste
7. Londres, Paris, Rome, *Genève*, Madrid
8. Renault, *Mercedes*, Peugeot, Citroën
9. frère, *sœur*, père, oncle, cousin
10. piano, violon, guitare, harpe, *clarinette*.

Déroulement
Vous leur dites ensuite que chaque série contient un mot **insolite** différent des autres. Ils doivent chercher ce mot, le souligner et expliquer en quoi il est différent. Par exemple, dans la première série, le mot *couteau* ne va pas avec les quatre autres mots : on ne peut pas manger un couteau, mais on peut manger la pomme, la viande, les frites, et la soupe.

*** *Variante*

Connexions

Préparation
Au lieu de partir de séries de mots comme dans l'exercice précédent, vous faites avec vos élèves une liste d'objets sur le tableau, sous forme de remue-méninges[1]. Vous leur demandez de vous donner n'importe quels objets dans n'importe quel ordre tels que : un couteau, une casserole, une bouteille de champagne, un ananas, une machine à écrire, un cahier, un marteau, un bouquet de roses, un livre d'art, un rasoir électrique, un fauteuil, etc.

---

[1]. Le fonctionnement du remue-méninges est décrit dans les exercices préliminaires page 13.

Déroulement

A partir de cette liste, chaque groupe d'élèves doit essayer de classer ces mots deux par deux, trois par trois ou quatre par quatre et de justifier son choix, mais cette justification ne doit pas forcément être rationnelle, elle peut être au contraire tout à fait fantaisiste. Les élèves peuvent classer les objets d'après les matières dont ils sont composés (il y a du métal dans un couteau, dans un marteau, dans une machine à écrire), leur forme, leur origine, leur usage (on tape avec un marteau et aussi avec une machine à écrire), etc.

* et ** Jeu de l'alphabet 12

Préparation

Vous demandez à chaque élève de préparer une feuille de la façon suivante :

	Prénoms	Hommes célèbres	Villes	Pays	Plantes	Animaux
Exemple : **B**	Bernard	Bonaparte	Bordeaux	Belgique	blé	bœuf

Déroulement

Puis vous donnez une lettre de l'alphabet et chaque élève doit trouver un mot commençant par cette lettre pour chaque catégorie en moins de ... X minutes :

Si vous dites *B*, les élèves peuvent trouver *B*ernard, *B*onaparte, *B*ordeaux, *B*elgique, *b*lé, *b*œuf.

Vous pouvez attribuer des points de la façon suivante : un point par mot trouvé et trois points pour un mot que personne d'autre n'a trouvé.

Voici quelques autres catégories que vous pourrez également utiliser : vêtements, boissons, aliments, sports.

Vous pouvez aussi proposer des catégories plus spécifiques : oiseaux, poissons, insectes, fleurs, arbres, etc. Dans ce cas, les élèves pourraient se servir d'un dictionnaire français tel que le *Dictionnaire du français contemporain*, Larousse, ou le *Dictionnaire Hachette Junior*.

Ce jeu est plus stimulant lorsqu'il est fait en petits groupes.

* Devinez ce que j'ai caché !   13

Objectif
Entraîner les élèves à reconnaître et à retenir le nom de différents objets.

Matériel
Dix objets divers connus des élèves (par exemple... deux crayons, une craie rouge, un stylo, un mouchoir, un bouton, une enveloppe, un canif, un bout de ficelle).

Déroulement
Vous placez une dizaine d'objets sur votre bureau et vous donnez 20 à 30 secondes aux élèves pour les observer. Vous cachez ensuite ces objets en les recouvrant d'un papier ou en les faisant disparaître dans le tiroir du bureau.

Puis vous demandez à chaque élève d'établir la liste des objets dont il se souvient.

Vous leur montrez ensuite les objets les uns après les autres pour leur permettre de compter le nombre d'objets qu'ils ont trouvés et pour compléter leur liste :
Qui a trouvé deux crayons ?
Qui a trouvé une craie rouge ?
Qui a trouvé un mouchoir ? etc.

Vous pouvez, bien entendu, diminuer ou augmenter le nombre d'objets à deviner.

Variante 1
Une fois que chaque élève a établi sa liste, vous pouvez mettre les élèves par groupes de trois ou de quatre et vous leur donnez comme consigne d'établir une liste commune ; vous comparez ensuite ces listes.

Variante 2
Au lieu de mettre tous les objets sur votre bureau, vous prenez un objet après l'autre et vous le cachez derrière votre dos et vous demandez aux élèves de deviner ce que vous avez dans la main :
« Est-ce que vous avez un crayon dans la main ?
Est-ce que c'est un paquet de cigarettes ?
C'est une montre ? » etc.

Vous remettez l'objet à l'élève qui le devine. Vous établissez un tour de rôle pour que chaque élève participe. Le vainqueur sera celui qui aura deviné le plus grand nombre d'objets.

*** Vrai ou faux ?   14

Objectif
Entraîner les élèves à réagir devant un énoncé fautif et à le corriger.

Matériel
Une série de documents visuels (scènes de la vie courante, photos, publicité).

Déroulement
Vous présentez une série de dix documents, l'un après l'autre, en nommant ou en décrivant le contenu de chaque document... mais dans cette présentation, vous commettez quelques erreurs que les élèves doivent découvrir de la façon suivante :

Vous demandez à vos élèves de répéter la phrase ou la description si celle-ci est correcte et correspond au document que vous présentez ; si elle est fausse, les élèves ne disent rien. En présentant par exemple une boulangerie, vous pouvez dire : « C'est une épicerie » et les élèves se taisent, mais si vous dites : « C'est une boulangerie », les élèves répètent : « *C'est une boulangerie* ».

Vous pouvez attribuer un point par phrase correcte aux élèves et s'ils se trompent, c'est vous qui marquez un point. Vous pouvez jouer contre votre classe et si vous obtenez dix points avant vos élèves, vous gagnez la partie.

Variante
Vous pouvez faire le même exercice par écrit. Vous numérotez les images et les élèves doivent écrire vrai ou faux après chaque description. Si la description est fausse, ils doivent la corriger.

Exemple :
Image 1 : Il mange une pomme : *Vrai.*
Image 2 : Il regarde le professeur : *Faux : il regarde sa voisine.*

✱ « Vous vous êtes trompé, 15
monsieur »

Matériel

Différents textes (dialogues, narrations, descriptions) inconnus des élèves.

Déroulement

Vous distribuez un texte à vos élèves et vous leur dites : « Je vais vous lire un texte, mais je crois qu'il y a quelques erreurs dans ce texte. Essayez de trouver ces erreurs ! »

Vous pouvez leur demander de vous interrompre chaque fois que vous vous trompez et de corriger le texte.

Vous pouvez également leur demander de noter individuellement ou en groupes toutes les erreurs et de les corriger après la lecture du texte.

Vous leur soumettez par exemple le texte suivant.

> Ce matin, je suis parti à 8 heures, j'ai ouvert la porte du garage et j'ai sorti la voiture. Il faisait froid et il pleuvait...

Et vous lisez votre version du texte.

> Ce matin, je suis sorti à 7 heures. J'ai fermé la porte de la maison et j'ai ouvert la voiture. Il faisait beau et il gelait...

✱✱ *Variante 1*

« Écoutez bien »

Au lieu de partir d'un texte écrit, vous pouvez faire le même exercice oralement, en racontant une histoire dans laquelle vous glissez des erreurs volontaires que les élèves doivent trouver et corriger immédiatement. Vous leur donnez les consignes suivantes :

« Je vais vous raconter une petite histoire dans laquelle il y a quelques erreurs que vous allez essayer de trouver. Vous levez la main dès que vous trouvez une erreur et vous la corrigez. »

Puis vous commencez votre histoire ou votre récit : « Hier soir, je suis allé *déjeuner* dans un *cinéma* près de la gare. Après le *spectacle*, j'avais mal à l'estomac et je suis allé dans un *tabac* m'acheter de l'aspirine... »

AVEC DES LETTRES ET DES MOTS

* *Variante 2*

Vous connaissez bien la France ?

Préparation

Au lieu d'une histoire suivie, vous préparez une série d'affirmations vraies ou fausses sur la France numérotées de 1 à 10. Les élèves préparent une feuille avec les chiffres de 1 à 10.

Déroulement

Vous lisez chaque phrase deux fois et vous demandez aux élèves d'écrire après la lecture de chaque affirmation *VRAI* ou *FAUX*.

	VRAI	FAUX	Corrections
1. Autrefois, la France s'appelait la Gaule.	X		
2. La Seine traverse Orléans.		X	la Loire
3. Le drapeau français est Bleu-Blanc-Vert.		X	Bleu-Blanc-Rouge
4. La Bretagne est au nord de la France.		X	à l'ouest
5. Nice est sur la Côte d'Azur.	X		
6. Les Pyrénées séparent la France de l'Italie.		X	de l'Espagne
7. La France a plus de 50 millions d'habitants.	X		
8. La Seine se jette dans la Manche.	X		
9. La vallée de la Loire est célèbre pour ses ruines romaines.		X	pour ses châteaux
10. La France a des frontières communes avec 5 pays différents.		X	avec 6 pays : l'Italie l'Espagne l'Allemagne le Luxembourg la Belgique la Suisse

Remarque : Au lieu de faire porter cet exercice sur des connaissances géographiques ou historiques, vous pouvez proposer à vos élèves des phrases plus générales ou parfois plus précises telles que :
– A l'épicerie, on peut acheter de l'aspirine.
– Le soleil se lève à l'ouest.
– On a le droit de passer le permis de conduire à 16 ans.
– Les hommes vivent plus longtemps que les femmes. Etc.

*   *Variante 3*

Préparation

Si vous désirez rendre le jeu plus compétitif et plus sportif, vous pouvez diviser la classe en deux ou plusieurs groupes.

Vous préparez une série de phrases, d'affirmations, de négations, de constatations que les élèves devront chercher à comprendre avant de dire si elles sont vraies ou fausses :

- On ne peut pas acheter de sucre dans une épicerie.
- Le train est plus cher que l'avion.
- Dans une glace à la vanille, il y a du lait.
- Le café au lait est noir.
- On ne vend pas de parfum dans une pharmacie.
- John McEnroe joue au basket-ball.
- Le drapeau français est Bleu-Blanc-Vert.
- Le mois d'avril a 31 jours.
  Etc.

Vous placez deux chaises devant votre bureau, sur lesquelles vous fixez deux pancartes avec l'inscription *VRAI* et *FAUX*.

Déroulement

Vous lisez chacune de ces phrases deux fois. Après chaque phrase, les groupes discutent entre eux pour se mettre d'accord ; si la phrase est vraie ou fausse. Dès qu'ils sont d'accord, un membre du groupe vient s'asseoir sur la chaise adéquate. Le groupe dont le membre s'assied en premier sur la bonne chaise marque un point.

Attention aux bousculades.

Un élève peut être désigné pour marquer et compter les points positifs ainsi que les points négatifs pour désigner le vainqueur.

3 Des questions

16 Documents visuels
   – *Variantes*
17 Le détective
   – *Variante*
18 Chasse au trésor
19 Vous savez tirlipoter ?

Objectif
Encourager les élèves à poser des questions à partir de documents visuels, de faits divers et dans différents jeux.

Matériel
Des photos, des dessins, des cartes postales, des images publicitaires...

＊ Documents visuels 16

Déroulement

Vous donnez les consignes suivantes aux élèves :
« J'ai devant moi, là sous mes yeux, un document visuel, une image. Vous allez essayer de deviner tous les éléments de ce document en me posant des questions. Attention, je ne peux répondre que par OUI ou par NON à vos questions. Si vous me demandez par exemple :
   « Où est-ce que cela se passe ? »
je ne peux pas répondre. Mais si vous me demandez :
   « Ça se passe dans une maison ? »
je peux répondre OUI ou NON. »

Consignes particulières

Vous pouvez demander aux élèves de prendre une feuille et d'essayer de reconstituer l'image au fur et à mesure que l'on découvre les différents éléments du document.

Vous pouvez également instituer un tour de classe : chaque élève devra poser une question à tour de rôle.

Celui dont le dessin est le plus ressemblant ou celui qui aura trouvé le plus de détails pourra à son tour proposer un document visuel à faire découvrir par ses camarades.

Vous pouvez également demander à vos élèves d'apporter un document visuel à tour de rôle.

Cet exercice peut d'ailleurs se faire à différents niveaux selon la nature du document visuel.

Afin de permettre aux élèves de poser des questions, il vous suffit de leur donner ces deux formes de questions :
– la question avec intonation montante :
   Il y a des personnages sur l'image ?
– la question avec *est-ce que* :
   Est-ce qu'il y a des personnages sur l'image ?

JEUX ET ACTIVITÉS COMMUNICATIVES

** **Variante 1**

Faits divers

Matériel
Faits divers découpés dans des journaux français.

Déroulement
Au lieu d'utiliser un document visuel, vous pouvez proposer à vos élèves de deviner le contenu d'un fait divers. Il ne s'agit pas de faire une reconstitution de texte, mais tout simplement de trouver autant de détails que possible du fait divers qui peut être la description d'un incident drôle, d'un vol, d'un accident, etc. Vous trouverez ces faits divers dans les journaux régionaux ou dans les pages régionales des grands journaux.

Vous pouvez procéder de la même façon que pour le document visuel. Vous demandez à vos élèves de vous poser des questions fermées auxquelles vous ne pouvez répondre que par OUI ou par NON.

Une fois que les élèves ont trouvé la plupart des éléments contenus dans le fait divers, vous leur lisez le texte.

Au lieu de leur faire poser des questions fermées, si le fait divers est plus complexe, vous pouvez leur demander de poser des questions ouvertes telles que « *Où cela se passe-t-il ? Quand est-ce que c'est arrivé ? Comment est-ce que cela s'est passé ?* » etc. Mais attention, vous ne donnez strictement que l'information minimale pour chaque question. S'ils vous posent la question « *De quoi s'agit-il ?* », ne leur racontez pas toute l'histoire.

Travail de groupe
Vous pouvez faire ces deux exercices sous forme de travail de groupe. Vous divisez la classe en groupes de trois. Vous donnez un texte à un membre de chaque groupe qui doit lire silencieusement ce texte sans le montrer aux deux autres. Une fois qu'il a lu et compris le texte, le deuxième membre du groupe lui pose des questions fermées ou ouvertes, selon votre choix ; le troisième membre du groupe note les réponses sous forme de mots-clés. Au bout de quelques minutes, vous demandez à chaque groupe de dire ce qu'il a découvert du contenu du fait divers. Celui qui a pris les notes fera le compte rendu en essayant de reconstituer le fait divers.

Vous pouvez, bien entendu, donner le même texte à tous les groupes ; de cette façon il y aura une mise en commun à la fin de l'exercice.

Voici, à titre d'illustration, quelques faits divers.

A

UN MONSIEUR DISTRAIT

Les habitants du quartier Foch ont été très surpris hier matin de voir Monsieur Blanc se promener dans la rue en robe de chambre et en pyjama avec des mules aux pieds. Des passants curieux l'ont suivi jusqu'au lycée où il est professeur d'anglais et où travaille également sa femme. Au bout de cinq minutes, ils l'ont vu ressortir du lycée toujours dans la même tenue. Il s'est dépêché de rentrer dans l'immeuble où il habite et où l'attendait sa concierge à qui il a raconté sa mésaventure.

En descendant chercher le courrier, il avait machinalement fermé la porte de son appartement derrière lui et il avait oublié de prendre les clés. Il avait donc été obligé d'aller chercher les clés de sa femme pour rentrer chez lui car les clés qu'il avait laissées dans l'appartement étaient celles qu'il avait empruntées à la concierge !

Il avait perdu les siennes quelques jours auparavant et n'avait pas encore fait faire les doubles que lui réclamait chaque jour sa concierge.

B

ALLEZ LES VERTS !

Un automobiliste qui écoutait la retransmission en direct du match de football opposant l'A.S. Saint-Étienne au Racing Club de Strasbourg, a roulé pendant plus d'une heure avant de se rendre compte que sa femme ne se trouvait plus dans la voiture.

Il s'était arrêté à la sortie de Lyon pour faire le plein. Il n'a pas quitté sa voiture afin de ne pas manquer un seul instant du reportage de ce match passionnant.

Après avoir payé, il a continué à rouler en direction de Grenoble... sans sa femme qui était descendue à la station-service pour faire quelques pas et se détendre les jambes.

Ce n'est qu'à la fin du match qu'il a remarqué l'absence de sa chère épouse... qui l'attendait à la station-service et qui n'est pas près d'oublier cette charmante soirée !

C

UN HEUREUX ACCIDENT

Un accident de la circulation, plutôt banal, a eu des conséquences inattendues et que l'on peut qualifier de miraculeuses...

En effet, hier matin, Monsieur X, au volant de sa R 12, se rendait au tribunal de Nancy où devait être prononcé son divorce. Il roulait à vive allure sur la nationale 4, à l'entrée de Toul, lorsqu'il a percuté une R 4 qui débouchait d'une rue à droite et qui avait la priorité.

Les deux voitures ont été fortement endommagées et Monsieur X, qui ne portait pas de ceinture de sécurité, a eu le bras gauche cassé, ainsi que quelques blessures superficielles au visage. La conductrice de la R 4 s'en est tirée avec une fracture de la jambe gauche et cette conductrice était... vous l'avez deviné, Madame X, qui se rendait également à Nancy pour le divorce.

Monsieur et Madame X ont été emmenés en ambulance au centre hospitalier de Toul et ils ont été placés dans la même chambre.

Au bout d'une semaine d'hospitalisation et de discussions dans le calme et dans l'intimité, il n'était plus question de divorce...

Souhaitons-leur un prompt rétablissement et une longue et heureuse vie commune !

D

PAUVRE VICTOR

Il y a quelque temps, toute l'Angleterre était triste et pleurait... à cause de la mort d'une girafe mâle appelée Victor.

Victor est mort pour avoir pris ses devoirs conjugaux trop à cœur ; en effet, après avoir honoré sa dame, Victor était tellement épuisé qu'il a perdu l'usage de ses pattes...

Il était vraiment sur les genoux.

Pendant plusieurs jours, on a tout essayé pour le remettre sur pied : on lui a donné des fortifiants, on lui a fait des piqûres, mais en vain. On a même amené une grue au zoo pour le soulever et le remettre debout sur ses pattes.

Toute la nation a assisté, grâce à la télévision, aux différents efforts entrepris pour sauver Victor.

Bien des larmes ont dû couler dans les chaumières, à l'annonce de sa mort !...

DES QUESTIONS

** *Variante 2*

Alors, raconte...

Déroulement

Vous pouvez faire un exercice similaire sans documents, en disant à votre classe que quelque chose d'extraordinaire, d'amusant, d'agréable ou de désagréable vous est arrivé un jour, hier soir, ce matin... Ou bien vous avez assisté à un incident ou encore vous avez été le témoin d'une scène qui vous a amusé ou attristé.

Vos élèves vous posent alors des questions pour découvrir ce qui vous est arrivé ou ce que vous avez vécu.

Vous pouvez faire le même exercice en demandant à tour de rôle à différents élèves de se soumettre aux questions de leurs camarades pour leur faire découvrir une aventure extraordinaire qu'ils ont vécue.

** *Variante 3*

Devinez ce que j'ai écrit

Préparation

Vous demandez aux élèves de décrire ou de dessiner sur une feuille de papier un petit tableau ou une situation amusante, bizarre, extraordinaire, surréaliste ou un objet tel que :
– Une glace à la vanille et à la framboise.
– Une dame avec une robe blanche sur un cheval noir.
– Un bouquet de roses rouges dans une poubelle en plastique noir.
– Un homme en maillot de bain portant une cravate. Etc.

Déroulement

Les élèves à tour de rôle proposent à leurs camarades de deviner ce qu'ils ont écrit sur leur feuille. Il faut que tous les détails soient découverts.

* *Variante 4*

Je pense à quelqu'un ou à quelque chose

Au lieu de partir d'un fait vécu ou d'une expérience, vous pouvez dire à vos élèves : « Voilà, je pense à quelqu'un, à un personnage célèbre, ou historique, à un objet, à un aliment, à une boisson, à une plante, à un sport, à un passe-temps, etc. »

Vous l'inscrivez sur une feuille de papier. Les élèves doivent deviner à qui ou à quoi vous pensez. Lorsqu'ils l'ont deviné, vous leur montrez la feuille de papier.

* et
**   *Variante 5*

Jeu des vingt questions

Une version simplifiée et structurée du jeu précédent est fournie par le jeu des vingt questions au cours duquel les élèves doivent deviner le nom d'un personnage, d'un objet, d'un animal, d'une plante en 20 questions.

Ce jeu peut se faire par petits groupes, chaque groupe posant une question à tour de rôle. On inscrit les chiffres de 1 à 20 sur le tableau et on en barre ou en efface un après chaque question. Le groupe ou l'élève ayant trouvé la bonne réponse peut proposer un autre personnage ou objet à la classe.

Règle particulière : Si un groupe croit avoir trouvé la solution et propose une réponse fausse, il perd un tour.

*   *Variante 6*

Quel est mon métier ?

Préparation
Des noms de métier inscrits sur des feuilles pliées.

Déroulement
Il s'agit de deviner le métier ou la profession que l'enseignant ou différents élèves ont choisis ou qui sont inscrits sur des feuilles tirées au sort par les élèves.

Afin de mettre les élèves sur la voie, celui qui a choisi un métier peut mimer devant la classe un geste ou une attitude ayant trait à ce métier que les autres devront découvrir en moins de 20 questions.

*   *Variante 7*

Qui suis-je ?

Matériel
Feuilles de papier et épingles.

DES QUESTIONS

Déroulement

Vous pouvez proposer une variante plus interactionnelle du jeu ci-dessus. Vous préparez ou vous faites préparer par vos élèves des feuilles sur lesquelles ils inscrivent le nom d'un personnage célèbre, historique ou contemporain. Ensuite on épingle une de ces feuilles sur le dos de chaque élève sans que celui-ci connaisse le personnage dont le nom est accroché dans son dos et qu'il doit découvrir en posant des questions à ses camarades. A chaque camarade il pose une question. Il les interroge à tour de rôle jusqu'à ce qu'il ait découvert son identité.

∗ Variante 8

Au lieu de « Qui suis-je ? », vous pouvez poser la question : « Quelle est ma profession ? Quel est mon métier ? »

Voici une liste que vous pourrez utiliser ou compléter :

HOMMES	FEMMES
avocat	bibliothécaire
aviateur	caissière
banquier	coiffeuse
boucher	dessinatrice
cuisinier	esthéticienne
diplomate	femme de ménage
écrivain	fermière
épicier	fleuriste
footballeur professionnel	garde-barrière
garagiste	journaliste
gardien de phare	hôtesse de l'air
gendarme	infirmière
instituteur	interprète
jardinier	mannequin
jockey	manucure
légionnaire	médecin
militaire	professeur
pompier	secrétaire
prestidigitateur	sténo-dactylo
ramoneur	traductrice
spéléologue	vendeuse
vigneron	

Métiers à la fois masculin et féminin
(l'orthographe du nom reste identique)

bibliothécaire	spéléologue	médecin
diplomate	journaliste	professeur
écrivain	interprète	secrétaire

** et *** Variante 9
Qu'est-ce que je suis ?

Préparation
Une feuille par élève, à épingler sur le dos avec le nom d'un objet, d'un fruit, d'un animal, d'un pays, d'un fleuve, d'un instrument, etc.

Déroulement
Comme pour le jeu précédent, il s'agit pour chacun de découvrir à l'aide de questions fermées *(Est-ce que je suis un objet ? Je suis un animal ?* etc.) ce qu'il est. Voici une liste utilisée au cours de ce jeu :

La Seine, un pigeon voyageur, la *9ᵉ Symphonie*, le centre Pompidou, Édith Piaf, un papillon, une Rolls Royce, la *Symphonie Pastorale*, une valise, une abeille, un marteau, un bouquet de roses, le monstre du Loch Ness, une orpheline, une poire, un apéritif, une bouteille de champagne, Jésus-Christ, l'abominable homme des neiges, une fleur.

Pour faire cet exercice à un niveau moins avancé, il suffit de choisir une catégorie unique, par exemple les aliments, les fruits, les animaux, etc.

*** Variante 10
Qu'est-ce que c'est ?

Préparation
Inscrivez le nom d'une dizaine d'objets chacun sur une feuille que vous pliez et placez sur votre bureau.

Voici quelques objets, à titre d'exemple :

- une règle
- un tube de rouge à lèvres
- un fer à repasser
- un râteau
- une valise
  etc.
- un appareil de télévision
- une bougie
- un aspirateur
- un balai
- une planche à voile

Déroulement
Demandez à un élève qui sache dessiner d'aller au tableau. Un autre élève vient choisir une des feuilles sur votre bureau. Les autres élèves cherchent à deviner de quel objet il s'agit en posant des questions fermées : « *Est-ce que c'est grand ? C'est en bois ?* »

DES QUESTIONS

Attention ! Ils n'ont pas le droit de demander **à quoi sert** l'objet en question. Au fur et à mesure que les élèves découvrent différents aspects de l'objet, l'élève au tableau exécute le dessin.

*** *Variante 11*

Devine ce que j'ai

Matériel

Jeu de cartes ou images avec des fruits, des vêtements, des moyens de communication, des meubles, etc., ou petites feuilles de papier ou en carton sur chacune desquelles est écrit un des mots des séries ci-dessus.

Déroulement

Vous distribuez quatre cartes ou cartons à chaque élève et vous leur demandez de former des groupes de quatre. Chacun doit deviner le contenu des cartes des autres. Pour commencer, il vaut mieux travailler avec une seule série, par exemple celle des aliments.

Le joueur n° 1 pose successivement une question aux trois camarades du groupe.
Joueur n° 1 au joueur n° 2 :
« *Est-ce que tu as le chocolat ?* »
Joueur n° 3 : « *Oui, j'ai le chocolat.* »
Et il tourne la carte avec le chocolat.
Puis le joueur n° 1 continue et demande au joueur n° 3 :
« *Tu as le pain ?* »
Le n° 3 répond : « *Non, je n'ai pas le pain !* »
Puis le joueur n° 1 demande au n° 4 :
« *Est-ce que tu as le vin ?* »
Et le n° 4 répond : « *Oui, j'ai le vin !* » et il tourne cette carte. Puis c'est le tour du joueur n° 2 de poser des questions à ses trois camarades jusqu'à ce que toutes les cartes soient tournées.

*** *Variante 12*

Au lieu d'utiliser des images ou des feuilles de papier, vous demandez à chaque élève d'inscrire quatre aliments ou quatre vêtements ou quatre fruits, etc., sur une feuille :

Joueur n° 1 :	**Joueur n° 2 :**
1. pantalon	1. chapeau
2. chemise	2. cravate
3. chaussettes	3. foulard
4. veste	4. manteau

Joueur n° 3 :	1. mouchoir	Joueur n° 4 :	1. béret
	2. chemisier		2. casquette
	3. jupe		3. maillot de bain
	4. robe		4. collants

Vous procédez de la même façon que pour le jeu précédent, mais au lieu de retourner les cartes ou les images, les élèves barrent les mots sur leur feuille au fur et à mesure que les autres les devinent.

✱✱✱ Variante 13

Pour faire durer le plaisir, vous pouvez transformer ce jeu de devinettes en bataille navale de la façon suivante.

Chaque élève prépare deux feuilles de papier en les divisant en cases numérotées. Chaque feuille doit avoir le même nombre de cases et le même numérotage.

	1	2	3	4	5
A		un disque			une moto
B	un vélo		une guitare		un album de bandes dessinées
C	des skis		une planche à voile		

Puis vous leur donnez une liste de mots qu'ils inscrivent sur une des deux feuilles dans les cases de leur choix : un disque, une guitare, une moto, un vélo, un album de bandes dessinées, une planche à voile, des skis.

Chacun doit ensuite deviner dans quelle case son camarade a inscrit chacun des mots, en procédant de la façon suivante ;
Joueur 1 : *Est-ce que tu as quelque chose en A1 ?*
Joueur 2 : *Non. Et toi, tu as quelque chose en A3 ?*
Joueur 1 : *Non. Et toi, tu as quelque chose en A2 ?*
Joueur 2 : *Oui.*
Joueur 1 : *Qu'est-ce que c'est ?*
Joueur 2 : *Un disque. Et toi, tu as quelque chose en A5 ?*

Chaque joueur note les réponses de l'autre sur sa deuxième feuille qu'il doit compléter avant son adversaire pour gagner la partie.

** Le détective   17

Déroulement

On désigne un élève pour prendre le rôle du détective et il sort de la classe. Ses camarades choisissent alors quelqu'un qui aura le rôle du criminel. Pendant une ou deux minutes, la classe observe le criminel choisi. On fera en particulier attention aux vêtements qu'il porte ainsi qu'à d'autres détails extérieurs (est-ce qu'il a une montre ? est-ce qu'il porte des lunettes ? de quelle couleur sont ses cheveux ?...)

Ensuite on rappelle le détective qui devra poser des questions à toute la classe pour découvrir qui est le criminel. Il interrogera différents participants de son choix qui devront tous dire la vérité, à l'exception du criminel qui aura le droit de mentir.

** *Variante*
et
*** *L'alibi*

Déroulement

Les élèves forment des groupes de deux. Puis vous les mettez en situation de la façon suivante :
« Un crime abominable a été commis hier soir entre 19 heures et 23 heures. Vous êtes tous suspects. Vous avez passé la soirée ensemble. Vous avez maintenant 10 minutes pour vous trouver un alibi. Vous devez vous mettre d'accord sur la façon dont vous avez passé la soirée. Vous avez le droit de prendre quelques notes. »

Au bout de 10 minutes, la classe se transforme en tribunal ; on demande un groupe de volontaires pour être interrogé par ce tribunal et on dit à l'un des deux suspects de sortir de la classe de sorte qu'il ne puisse pas entendre l'interrogatoire de son complice.

Le tribunal interroge alors le premier suspect. Il faut encourager les élèves à poser des questions très précises et à prendre des notes. Après l'interrogatoire du premier suspect, on fait entrer son complice. On demande à celui qui vient d'être interrogé de sortir à son tour. (Si on lui permet de rester dans la classe, il faut lui assigner une place à partir de laquelle il ne puisse ni communiquer avec son camarade ni le voir.)

Après l'interrogatoire, le tribunal relève les points sur lesquels les deux témoignages divergent et les déclarent coupables ou non coupables.

* Chasse au trésor   18

Déroulement

Vous expliquez à votre classe qu'un trésor a été placé quelque part dans la salle de classe et qu'il faut le découvrir en 2 ou 3 minutes...

Les élèves poseront des questions fermées auxquelles vous ne pouvez répondre que par « OUI » ou par « NON ».

Vous décidez de l'endroit où votre trésor est caché. Et les élèves, à tour de rôle, vous posent des questions.

Est-ce que le trésor est sous le radiateur ?
   »   »   »   près de la porte ?
   »   »   »   dans la poche du professeur ?
   »   »   »   dans le coin près de la fenêtre ?
   »   »   »   dans le tiroir du bureau ?
                         etc.

Si le trésor se trouve près de l'endroit que les élèves suggèrent, vous pouvez leur dire : « Vous brûlez » et dans le cas contraire, vous dites : « Vous gelez », mais uniquement s'ils ont trop de difficultés à trouver la cachette.

DES QUESTIONS

* Vous savez tirlipoter ? 19

Déroulement

Ce verbe – qui n'existe pas dans les dictionnaires français[1] – remplace tous les verbes d'action, dans ce jeu au cours duquel les élèves doivent trouver de quel verbe il s'agit, en posant des questions.

Vous choisissez par exemple le verbe *faire la cuisine*. Les élèves doivent découvrir ce verbe en posant des questions avec le verbe « tirlipoter » :

– *Est-ce qu'on tirlipote dans la salle de classe ?*
– *Non, on ne tirlipote pas dans une salle de classe !*
– *Est-ce que tout le monde peut tirlipoter ?*
– *Est-ce que vous savez tirlipoter ?*
– *Est-ce qu'on tirlipote la nuit ?*

Etc., jusqu'à ce que les élèves aient découvert le mot.

Voici une série de verbes d'action que vous pouvez utiliser : *chanter, écrire, rire, courir, danser, balayer, faire la vaisselle, jouer au football, au tennis, taper à la machine, téléphoner,* etc.

---

1. Il a été créé pour être utilisé dans un jeu radiophonique.

4 Situations de communication

A. Travail à partir de dialogues
   20. Dialogues incomplets
       – *Variante*
   21. Répliques mélangées
   22. Questions – Réponses
   23. Où dites-vous... ?
       – *Variante*
   24. Garçon, un steak-frites, s'il vous plaît !
       – *Variante*

B. Travail à partir de documents divers
   25. Gros titres
   26. Ma maison/Ma sœur
   27. Le début et la fin
   28. Dessins humoristiques
       – *Variante*

Objectif
Amener progressivement l'élève à mieux cerner les différents paramètres d'une situation de communication pour lui permettre d'apprendre à réagir de façon adéquate.

A. TRAVAIL A PARTIR DE DIALOGUES

*, ** Dialogues incomplets   20
et
***

Préparation

Selon le niveau de la classe, vous écrivez sur le tableau un des dialogues incomplets ci-dessous.

Vous pouvez en choisir ou en inventer d'autres mieux adaptés à vos classes.

*   Dialogue 1

A : ....
B : Avec plaisir.
A : ....
B : Non, je le préfère au citron.

**   Dialogue 2

A : Tiens, c'est toi ? Entre.
B : ....
A : Je m'ennuie. Je suis seul(e) à la maison.
B : ....

***   Dialogue 3

A : Tu es pâle. Qu'est-ce que tu as ?
B : ....
A : Tu es sorti(e) ?
B : ....
A : Je te plains. Elle te tracasse toujours ?
B : ....

JEUX ET ACTIVITÉS COMMUNICATIVES

Déroulement

Individuellement ou en groupes, les élèves doivent compléter ces dialogues après avoir défini la situation de communication pour chaque dialogue. Pour les aider, vous pouvez leur poser les questions suivantes :

1. Qui parle à qui ? (identité, profession, métier)
2. En tant que quoi ? (rôle, statut)
3. Dans quel but ?
4. De qui ou de quoi est-il question ?
5. Quelle est la relation entre les interlocuteurs ? (amis, familiers, étrangers, inconnus).
6. Dans quelles circonstances ce dialogue se déroule-t-il ? (lieu, heure, saison...).
7. De quelle humeur, dans quel état sont les interlocuteurs ? (contents, en colère, détendus, fatigués...).

Pour certains dialogues, les trois ou quatre premières questions suffiront.

Une fois les dialogues complétés, vous comparez les résultats en faisant lire aux élèves leurs différents dialogues. Vous leur demandez aussi d'expliquer et de justifier leur choix.

Remarque : Au niveau des débutants, vous choisirez bien entendu des dialogues extraits de situations de communication simples : les achats, les demandes d'information, etc.

A un niveau avancé, vous pouvez proposer des dialogues de moins en moins contraignants pouvant être complétés de différentes façons.

Attention... lorsque vous préparez ces dialogues tronqués ou à compléter, faites en sorte que la partie du dialogue que les élèves doivent compléter corresponde au rôle qu'ils auront à tenir normalement dans ces situations de communication.

Si vous leur proposez un dialogue sur une situation d'achat, donnez-leur à compléter le rôle du client ou du demandeur de service et non celui de l'épicier, du boucher, du pharmacien...

* *Variante*

   Dialogues à terminer

Préparation

Vous présentez les dialogues suivants de la même façon que ceux de l'exercice précédent :

* Dialogue 1

A : Allez, ça suffit ! Fiche-moi la paix !
B : Écoute, joue avec moi s'il te plaît !
A : Non ! Va jouer tout seul. Je veux lire mon journal.
B : ....
A : ....

** Dialogue 2

A : Oh, madame, je suis vraiment désolé...
B : Vous pourriez tout de même faire attention !
A : Excusez-moi, je ne vous avais pas vue.
B : ....
A : ....

*** Dialogue 3

A : Alors, il t'a plu ce film ?
B : Bof ! Pas tellement !
A : Ah bon ! Et qu'est-ce qui ne t'a pas plu ?
B : ....

Déroulement

Après avoir déterminé la ou les situations de communication, demandez aux élèves de trouver au moins trois façons différentes de compléter chaque dialogue.

✳✳ Répliques mélangées   21

Préparation

Vous distribuez sous forme de feuilles polycopiées ou bien vous écrivez sur le tableau ou le rétroprojecteur les répliques suivantes :

Première personne :

1. Alors, Dubois, on ne s'est pas réveillé ce matin ?
2. Écoute, ça fait une demi-heure que j'attends, j'ai horreur de ça !
3. Je n'aime pas les gens qui arrivent en retard.
4. On t'a encore attendu une heure !
5. Te voilà enfin, c'est pas trop tôt ! Les enfants meurent de faim !
6. C'est à cette heure-là que tu rentres ?
7. Mademoiselle, vous avez vu l'heure qu'il est ?
8. T'exagères, t'arrives toujours en retard. (fam.)

Deuxième personne :

A. C'est pas ma faute, j'ai crevé en route.
B. Ben quoi, j'ai pas pu partir plus tôt !
C. C'est pas si tard que ça, papa !
D. Écoute, mon chéri, sois pas fâché ! Et moi qui me suis tellement dépêchée !
E. Monsieur, ma mère a oublié de me réveiller !
F. Excusez-moi, Monsieur, je n'ai pas entendu mon réveil ce matin.
G. Monsieur le directeur, je suis désolé, il m'a fallu une demi-heure pour trouver la gare.
H. Je suis désolé. J'ai été retenu au bureau !

Première personne :

1. Bon, à table tout de suite.
2. Bon, va t'asseoir.
3. Vous feriez mieux de prendre le métro.
4. Ah ! Tu ne changeras jamais !
5. Il serait temps d'en acheter un autre, Mademoiselle.
6. Il est quand même onze heures ! Allez, va te coucher.
7. Oh ! ça va !
8. Bon, allez, on y va.

SITUATIONS DE COMMUNICATION

Déroulement

Les élèves doivent essayer d'accorder chaque fois trois répliques entre elles de façon à obtenir huit petits dialogues différents, puis d'identifier les **personnages** et le **lieu** où se déroule chaque conversation.

Cet exercice peut se faire individuellement ou en groupes et les résultats peuvent être présentés ainsi :

Première phrase : Solution *1 E 2*, ce qui donne la conversation suivante :

1. Alors, Dubois, on ne s'est pas réveillé ce matin ?

E. Monsieur, ma mère a oublié de me réveiller.

2. Bon, va t'asseoir.

Personnages : un professeur, un élève

Lieu : l'école, la salle de classe

Attention... Quelquefois d'autres solutions sont possibles, par exemple pour la première conversation, on pourrait avoir, *1 F 2*... Il faut accepter ces solutions et encourager les élèves à trouver toutes les combinaisons possibles.

** Questions — Réponses 22

Préparation

Série de feuilles avec des questions et série de feuilles avec des réponses.

Questions	Réponses
– Tu aimes le football ?	– Pas tellement, je préfère le vin.
– Elle est blonde, ta sœur ?	– Non, je rentre à la maison avec ma sœur.
– Tes parents parlent français ?	– Oui, un peu, surtout ma mère.
– Tu aimes la bière ?	– Non, mais j'ai très faim.
– Tu as soif ?	– Je n'ai pas de montre.
– On va au cinéma ?	– Non, ce sport ne m'intéresse pas.
– Tu connais ce garçon ?	– Oui, c'est le frère de Catherine.
– Tu viens avec moi ?	– Je ne sais pas.
– Quelle heure est-il ?	– Non, elle est rousse.
– Où est le professeur ?	– Non, pas ce soir.

Déroulement

Vous placez ces feuilles à l'envers sur votre bureau. Chaque élève vient choisir une feuille. Il doit ensuite trouver le camarade de classe qui a la question correspondant à sa réponse ou vice-versa.

Une fois que toutes les questions ont trouvé des réponses et que vous les avez vérifiées dans chaque groupe, vous ramassez les feuilles et vous les remettez sur votre bureau pour un deuxième et un troisième tour.

SITUATIONS DE COMMUNICATION

*, ** et *** Où dites-vous... ?   23

Préparation

Vous présentez à votre classe, de la même façon qu'au cours des exercices précédents, des séries de phrases variées dites ou entendues dans différentes situations de communication.

✱ Série n° 1

1. Trois timbres pour l'Italie, s'il vous plaît.
2. Est-ce que cette place est libre ?
3. A quelle heure commence le film ?
4. Deux baguettes, s'il vous plaît !
5. J'ai très mal à la tête.
6. Le plein de super, s'il vous plaît.
7. Encore un jus d'orange et un café, s'il vous plaît !
8. Est-ce que vous avez une carte de France ?
9. Le dernier train pour Paris part à 23 h.
10. Fermez vos livres.

Déroulement

Formez des groupes de deux ou de quatre élèves et demandez à chaque groupe de trouver **l'endroit**, le lieu où l'on peut dire ou entendre chaque phrase.

Attention, certaines phrases peuvent être dites ou entendues dans différents endroits. Demandez à vos élèves de relever ces phrases et d'indiquer ces différents endroits.

Remarque

Cet exercice peut se faire oralement. Vous lisez ces phrases et après chaque phrase, vous demandez aux différents groupes de vous donner le ou les endroits où ils peuvent dire ou entendre cette phrase.

✱✱ Série n° 2

1. Deux billets à trente francs, s'il vous plaît !
2. La vue est belle ici !
3. Où est la sortie, s'il vous plaît ?

4. Il y a vraiment trop de bruit.
5. Vous ne trouvez pas qu'il fait chaud ici ?
6. C'est vraiment délicieux !
7. Tu aimes ce genre de musique ?
8. Tu me plais énormément.
9. Sortez !
10. Silence !

Déroulement

Chaque groupe doit trouver :
1. **Trois endroits** où ces phrases peuvent être dites ou entendues.
2. **Trois personnes** qui disent ces phrases.
3. **Trois personnes** à qui ces phrases sont dites.

*** Série n° 3

1. Il fait froid ici.
2. Je n'aime pas rester seul.
3. Tu peux me prêter cent francs ?
4. Vous venez souvent ici ?
5. Elle te plaît, ma nouvelle coiffure ?
6. Voulez-vous que je vous donne un coup de main ?
7. J'ai une faim de loup !
8. D'accord, d'accord, on se rappelle la semaine prochaine.
9. Ah non ! là vous allez trop loin.
10. Pas ce soir, Joséphine.

Déroulement

Chaque groupe d'élèves choisira trois phrases – ou vous en proposerez trois à chaque groupe. Celui-ci devra définir, pour chaque phrase, **trois situations de communications différentes** dans lesquelles cette même phrase peut être utilisée, autrement dit : « Qui peut dire cette phrase à qui, dans quel endroit, à quelle fin ? »

Exemple : « Il fait froid ici ».

1. Le patron à sa secrétaire pour qu'elle ferme la fenêtre.
2. Un fils à sa mère pour qu'elle lui donne un pull-over.

SITUATIONS DE COMMUNICATION

3. *Un clochard à un autre clochard pour qu'il le laisse boire un peu de son vin.*

Vous pouvez également demander à chaque groupe de travailler sur la même phrase et de comparer les réponses après chaque phrase.

Variante pour les trois niveaux

Au lieu de donner des phrases comme point de départ, vous pouvez demander à vos élèves individuellement, mais encore mieux en groupes, de faire une liste des phrases qu'ils peuvent dire ou entendre dans différents endroits tels que :
- à la douane
- dans un bureau de poste
- dans une pharmacie
- dans un commissariat de police
- dans un taxi
- à table en famille
- dans une discothèque
- dans un compartiment de chemin de fer
- sur la plage
  etc.

* Garçon, un steak-frites, s'il vous plaît !   24

Objectif
Apprendre à commander un menu dans un restaurant.

Matériel
Une série d'images représentant les aliments et les boissons que l'on peut commander dans un restaurant ou une série de feuilles sur lesquelles sont inscrits les hors-d'œuvre, les potages, les soupes, les plats principaux (viandes, poissons, légumes), les fromages, les desserts et les boissons que l'on trouve sur une carte de menu.

Déroulement
Vous divisez la classe en deux groupes. Chaque groupe choisit un garçon ou une serveuse. Vous placez sur votre bureau un nombre égal d'images ou de feuilles pour chaque groupe.

A tour de rôle, chaque membre du groupe demande au garçon ou à la serveuse de l'autre groupe, soit un plat soit une boisson. Il devra chercher dans le tas d'images ou de feuilles le plat ou la boisson commandés :

Élève 1 du 1er groupe
– *Garçon, un steak-frites, s'il vous plaît !*
Le garçon vérifie si ce plat se trouve dans son tas. S'il y est, il l'apporte à l'élève en disant :
– *Voici votre steak-frites, Monsieur.*
Élève 1 : *Merci, Monsieur.*

Élève 1 du 2e groupe
– *Mademoiselle (ou Madame), une glace à la vanille, s'il vous plaît !*
La serveuse qui n'a pas trouvé de glace à la vanille dit :
– *Je suis désolée, Monsieur, je n'ai plus de glace à la vanille.*

Puis c'est au tour de l'**élève 2 du 1er groupe** de commander.
– *Madame, une salade de tomates, s'il vous plaît !*
La serveuse : *Voici votre salade de tomates.*
Élève 2 : *Merci, Madame.*

Le groupe qui aura épuisé son tas le premier sera déclaré vainqueur.

SITUATIONS DE COMMUNICATION

Variante

D'autres formes linguistiques pour commander un menu peuvent être utilisées sous forme de micro-conversations qui permettent un échange de répliques :

Le client : *Garçon, je voudrais une sole meunière, s'il vous plaît !*

Le garçon : *Attendez ! Je vais voir s'il en reste.*

Le client : *Merci bien.*

Le garçon : *Je suis désolé, il n'en reste plus* (ou *nous n'en avons plus*).

Le client : *Tant pis ! Je prendrai autre chose.*

B. TRAVAIL À PARTIR DE DOCUMENTS DIVERS

** Gros titres   25

Préparation
Une série de titres d'articles de journaux coupés en deux ou trois :

Visite officielle du Président

Un triomphe

va-t-elle se remarier ?

Incendie criminel

toujours en hausse.

Le Concorde

La princesse Margaret

chez les douaniers.

par un gangster.

pour les skieurs canadiens.

10 kilos d'héroïne

Deux policiers abattus

dans un camping.

Le litre d'essence

est condamné.

saisis à Roissy.

en Israël.

passe à 5 francs.

Le dollar

Grève du zèle

SITUATIONS DE COMMUNICATION   67

Déroulement

Les élèves doivent reconstituer ces titres.

Voici les solutions :

1. *Un triomphe pour les skieurs canadiens.*
2. *La princesse Margaret va-t-elle se remarier ?*
3. *Visite officielle du Président en Israël.*
4. *Grève du zèle chez les douaniers.*
5. *Le litre d'essence passe à 5 francs.*
6. *Le Concorde est condamné.*
7. *Le dollar toujours en hausse.*
8. *10 kilos d'héroïne saisis à Roissy.*
9. *Deux policiers abattus par un gangster.*
10. *Incendie criminel dans un camping.*

Encouragez les élèves à trouver d'autres combinaisons telles que : *Le dollar passe à 5 francs. Grève du zèle en Israël. La princesse Margaret dans un camping, en Israël*, etc.

** ** Ma maison / Ma sœur   26

Préparation

Un texte à phrases mélangées.

> J'aime bien ma maison. Elle a de longs cheveux blonds qu'elle fait couper chaque été pendant les vacances. En hiver, il fait très froid dans notre région. On aime bien jouer ensemble.
> Ma sœur a trois ans de plus que moi. Elle est grande, agréable et bien chauffée surtout.
> On s'entend bien mais quelquefois on se bagarre quand même.
> Elle est très claire aussi.
> Elle me laisse souvent gagner. Le soir, je ferme les volets et je m'enferme dans ma chambre pour lire.
> Elle est grande et plutôt jolie.

Déroulement

Après avoir distribué ce texte, demandez aux élèves de reconstituer deux textes dont l'un décrit la maison et dont l'autre trace un portrait de la sœur.

Solution

Ma sœur

Ma sœur a trois ans de plus que moi. Elle est grande et plutôt jolie. Elle a de longs cheveux blonds qu'elle fait couper chaque été pendant les vacances. On aime bien jouer ensemble. Elle me laisse souvent gagner. On s'entend bien, mais quelquefois on se bagarre quand même.

Ma maison

J'aime bien ma maison. Elle est grande, agréable et bien chauffée surtout. En hiver, il fait très froid dans notre région. Elle est très claire aussi. Le soir, je ferme les volets et je m'enferme dans ma chambre pour lire.

SITUATIONS DE COMMUNICATION

** et ***   Le début et la fin   27

Préparation

Vous choisissez un texte assez court (15 à 30 lignes, une anecdote, une histoire drôle, un fait divers).

Vous écrivez la première et la dernière phrase sur le tableau ou le rétroprojecteur en laissant un espace entre ces deux phrases.

Exemple :

> Ils attendaient depuis plus de trois heures au bord de la Nationale 6 à la sortie de Lyon et la nuit commençait à tomber.
>
> ....
> ....
> ....
> ....
>
> Ils ne sont pas près d'oublier ce voyage en Rolls Royce de Lyon à Cannes !

Déroulement

Les élèves, soit individuellement soit en groupes, cherchent à compléter le texte en se mettant d'accord sur un contenu possible. Ils rédigent alors un texte qu'ils liront ensuite à leurs camarades. Demandez-leur aussi de trouver un titre pour leur texte.

Vous leur lirez ou vous distribuerez le texte original à la fin de l'exercice.

DU STOP EN ROLLS ROYCE

Ils attendaient depuis plus de trois heures au bord de la Nationale 6 à la sortie de Lyon et la nuit commençait à tomber. Ils avaient perdu tout espoir de partir ce soir, Christiane et Bernard, deux jeunes de vingt ans qui voulaient aller dans le Midi pour y passer le mois d'août. Ils allaient ramasser leurs sacs à dos et partir camper dans le pré voisin quand ils ont vu arriver une grosse voiture qui roulait à vive allure.

Machinalement, Christiane fait le geste des auto-stoppeurs avec son pouce indiquant la direction du sud. La voiture s'arrête cent mètres plus loin et fait marche-arrière. Quelle ne fut pas leur surprise de constater que c'était une Rolls Royce conduite par un chauffeur à casquette, qui, arrivé à leur hauteur, sort de la voiture et leur demande quelle était leur destination. Ils lui disent qu'ils veulent aller sur la Côte d'Azur. Le chauffeur ouvre alors la portière arrière et les fait monter dans la voiture où ils trouvent une vieille dame charmante qui les accueille avec un large sourire. « Montez, les enfants, vous me tiendrez compagnie jusqu'à Cannes. »

Le voyage fut agrémenté d'un excellent dîner près d'Aix-en-Provence et, arrivés à Cannes, la vieille dame a invité les deux auto-stoppeurs à passer le reste de la nuit dans sa magnifique villa au bord de la mer. Ils ne sont pas près d'oublier ce voyage en Rolls Royce de Lyon à Cannes !

SITUATIONS DE COMMUNICATION

Dessins humoristiques 28

Matériel
Une sélection de dessins humoristiques découpés dans des journaux et des magazines français ainsi que la série de légendes les accompagnant.

Déroulement
Pour chaque dessin, les élèves devront trouver la légende qui va le mieux avec ce dessin.

Exemples :

JEUX ET ACTIVITÉS COMMUNICATIVES

Légendes :
— Dites, c'est un magasin de farces et attrapes chez vous ?
— Et le code du ciel, vous l'avez appris en quelle langue ?
— Garçon ! Je n'ai pas commandé de poulet.
— Et personne pour faire le constat !
— Mais qu'est-ce qu'on vous a enseigné dans votre école de conduite céleste ?
— J'adore les autos tamponneuses.
— C'est une spécialité, votre poussin à la coque ?
— Vous n'aimez pas les voitures de sport ?
— Vous soignez vos clients ! Vous êtes sûrs de les voir revenir.
— Et votre permis, vous l'avez eu par correspondance ?
— Et encore, j'ai eu de la chance ! C'est la même pointure.
— Et la priorité à droite, qu'est-ce que vous en faites ?
— Comment tu fais pour t'arrêter quand je ne suis pas là ?
— Vraiment, vous me sidérez !
— Garçon... je voudrais aussi une mère-poule.

SITUATIONS DE COMMUNICATION

Variante

Sans paroles

Les élèves doivent inventer des légendes pour différents dessins humoristiques. A partir du même dessin, vous pouvez même organiser un concours.

Les élèves, en petits groupes, préparent une légende et la classe sera le jury qui attribuera les prix à la meilleure légende.

JEUX ET ACTIVITÉS COMMUNICATIVES

SITUATIONS DE COMMUNICATION 75

5 Mimes, sketches et jeux de rôles

29 Mime : qu'est-ce qu'il fait ?
 – *Variantes*
30 Sketches
31 Jeux de rôles
32 En voiture, s'il vous plaît !
33 L'auto-stop
 – *Variante*
34 En famille
35 Réactions spontanées

Objectif

Permettre aux élèves de réagir spontanément dans différentes situations, d'assumer une variété de rôles et d'expérimenter différents comportements.

＊ Mime : qu'est-ce qu'il fait ?   29

Préparation

Vous demandez à chaque élève de penser à une action qu'il devra mimer devant ses camarades qui devront trouver ce qu'il fait.

Voici quelques suggestions de mime :
- manger une pomme, du raisin, un sandwich, une glace, etc.
- jouer d'un instrument de musique : de la guitare, du piano, de l'accordéon, etc.
- regarder les vitrines d'un magasin (faire du lèche-vitrine), un match de football, etc.
- écouter de la musique classique, du jazz, de la musique disco, etc.

Déroulement

Chaque élève présente son mime puis les autres lui posent des questions :
- *Est-ce que tu regardes par la fenêtre ?*
- *Non.*
- *Est-ce que tu lis un livre ?*
- *Non.*
- *Est-ce que tu regardes la télévision ?*
- *Oui.*

Vous pouvez également leur suggérer de mimer des gestes et actions de la vie courante :
- à la maison (faire la cuisine, le lit, laver la vaisselle, cirer les chaussures, etc.)
- en classe (travail scolaire, faire un devoir, poser une question, etc.)
- dans la rue, dans un restaurant, dans un magasin (demander son chemin, commander un café, manger de la salade, acheter une robe ou des chaussures, etc.).

** *Variante 1*

Comment fais-tu pour... ?

Préparation

Vous divisez la classe en deux groupes et préparez une liste d'actions à mimer que vous inscrivez sur des feuilles de papier sous la forme suivante : « monter l'escalier, manger du raisin, fermer la fenêtre, lire le journal, manger une glace, allumer une pipe, mettre une cravate, téléphoner aux pompiers, etc. ».

Déroulement

A tour de rôle, un élève de chaque groupe choisit une de ces feuilles puis il demande à un élève de l'autre groupe de mimer l'action : *« Bernard, comment est-ce que tu fais pour lire le journal ? »* L'autre élève doit s'exécuter et s'il mime bien l'action (c'est au groupe auquel n'appartient pas Bernard d'en décider : en cas de conflit, c'est le professeur qui tranchera), il gagne un point pour son équipe. Si le premier élève n'arrive pas à poser correctement la question, il perd un point pour son équipe.

*** *Variante 2*

Mimes de groupe

Préparation

Au lieu de proposer des actions à mimer individuellement, vous demandez à différents groupes d'élèves de préparer un sketch en commun qu'ils mimeront devant le reste de la classe.

(Une scène d'adieu sur le quai de la gare, un pique-nique, une partie de boules, une opération chirurgicale, un rendez-vous d'amoureux, un conseil de classe, une barque qui chavire, un accident de voiture, monter une tente et préparer un repas en plein air, etc.)

Déroulement

Dans un premier temps, chaque groupe présente son mime et les autres se contentent de regarder le spectacle.

Au cours de la deuxième présentation du sketch mimé, ils devront essayer de deviner et de décrire les différentes phases et interactions de la scène. Ils peuvent demander à leurs camarades de recommencer certaines séquences jusqu'à ce qu'ils aient tout compris et décrit.

MIMES, SKETCHES ET JEUX DE RÔLES

*, ** et *** Sketches 30

Préparation

Demandez aux élèves de chercher en petits groupes, une situation, un incident, une rencontre, qu'ils aimeraient « dramatiser » pour les présenter sous forme de sketch à leurs camarades. Au besoin, vous pouvez leur faire quelques suggestions, en tenant compte de leur niveau :

- scène d'achat dans un magasin,
- chez le coiffeur, le médecin, le dentiste,
- un repas au restaurant,
- une réclamation, une perte d'objet,
- un accident de bicyclette, de moto, de voiture,
- un vol, une rencontre dans un train,
  etc.

Déroulement

Après avoir fixé leur choix, les élèves préparent le scénario, écrivent les dialogues, répartissent les rôles et dès qu'ils sont prêts, ils présentent leur sketch à leurs camarades.

En prenant, par exemple, comme point de départ une rencontre entre une dame et un monsieur dans le train de Bordeaux-Paris, vous pouvez proposer la démarche suivante : par groupes de trois, les élèves présentent cette rencontre qui peut avoir été :

- sentimentale,
- mystérieuse,
- familiale,
- ennuyeuse,
- touchante,
- criminelle,
  etc.

Chaque groupe prépare un dialogue autour de cette rencontre. Tandis que deux élèves joueront le rôle de la dame et du monsieur, le troisième jouera le rôle du présentateur, commentateur, témoin indiscret ou horrifié, etc.

Remarque : Si vous disposez d'un équipement vidéo, enregistrez ces sketches. Les élèves auront ainsi l'occasion de se voir, de s'entendre parler français et de pouvoir évaluer leur performance linguistique et théâtrale.

** et *** **Jeux de rôles**[1]

Préparation

D'une façon générale, pour les jeux de rôles, il est préférable de partir de situations problématiques, conflictuelles que vous exposez très brièvement aux élèves. Il faut leur laisser un peu de temps pour réfléchir individuellement une fois que vous avez distribué ou qu'ils ont choisi les rôles.

Déroulement

Dès qu'ils sont prêts, les élèves exécutent le jeu de rôles. Ils s'arrêtent quand ils veulent, quand ils sont arrivés à une solution, à un compromis ou à une impasse.

Chaque jeu de rôles est suivi d'une discussion au cours de laquelle le reste de la classe donne son opinion sur la façon dont il s'est déroulé et propose des variantes de comportements et de réactions qui peuvent donner lieu à un autre jeu de rôles exécuté **par ceux qui ont proposé ces variantes.**

Voici quelques suggestions de jeux de rôles (fiches 32 à 35).

---

1. Voir « Choix méthodologiques » page 15.

** et *** En voiture, s'il vous plaît !   32

Préparation

Voici, pour commencer, une situation pas dramatique du tout mais qui a l'avantage de permettre à tous les élèves de participer.

Vous prenez quatre ou six chaises que vous placez les unes en face des autres pour représenter un compartiment de chemin de fer avec une porte et une fenêtre.

Puis vous mettez vos élèves en situation de la façon suivante :

« Voici un compartiment de chemin de fer de deuxième classe. Le train est arrêté dans une gare. Deux, trois ou quatre personnes montent dans ce compartiment. Elles se mettent à parler, le train part... Vous allez tous voyager dans ce compartiment... »

Déroulement

Vous demandez qui veut bien commencer et être le premier voyageur. Plus tard, vous pouvez aussi annoncer les arrêts dans les gares pour que d'autres « voyageurs » puissent monter ou descendre.

Voici quelques rôles que vous pourrez suggérer à vos élèves : celui du contrôleur, du vendeur ambulant, du militaire qui va en permission, de la dame sourde, de l'ecclésiastique, du voyageur étranger, etc.

Bon voyage !

Le même jeu de rôle peut se dérouler dans un compartiment de première classe.

Vous pouvez proposer des situations similaires :

— dans un ascenseur en panne. Pour matérialiser l'ascenseur, vous pouvez dessiner un rectangle par terre ou le délimiter à l'aide de quatre chaises ;
— dans le wagon d'un train à crémaillère bloqué par des avalanches dans les Alpes : les voyageurs doivent s'organiser pour passer la soirée et la nuit dans ce wagon ;
— dans un commissariat de police avec différentes personnes arrêtées ou recueillies pour la nuit ;
— dans la salle d'attente d'un médecin ou d'un dentiste ;
— dans une salle du tribunal avec les accusés qui vont être jugés ;
— dans la salle où les jurés doivent se mettre d'accord sur un verdict.

** et *** L'auto-stop 33

Préparation

Deux jeunes (une fille et un garçon) font de l'auto-stop pour aller dans le Midi. Ils sont au bord de la route. Plusieurs voitures passent sans s'arrêter. D'autres s'arrêtent et ne les prennent pas. Enfin un voyageur de commerce s'arrête et les prend.
Rôles : les deux auto-stoppeurs et le voyageur de commerce.

Déroulement

Le jeu de rôle commence lorsque le voyageur de commerce s'arrête...
Voici d'autres personnes qui pourraient s'arrêter :
– Un couple d'instituteurs.
– Un routier avec un gros camion.
– Un couple âgé très distingué.
– Deux étudiants.
– Une famille avec deux enfants.
– Un couple étranger (anglais, allemand, hollandais...).

Variante

Afin de faire participer tout le groupe au jeu de l'auto-stop, vous pouvez diviser la classe en deux groupes, celui des auto-stoppeurs et celui des conducteurs qui s'arrêtent pour prendre les auto-stoppeurs.

Il est aussi possible d'imaginer des groupes (un couple seul, un couple avec un ou deux enfants) qui ne s'arrêtent pas pour prendre des auto-stoppeurs et qui discutent ou se disputent à propos de l'auto-stop.

On peut aussi préparer un voyage pour aller à Paris. Dans ce cas, les deux jeunes se trouveraient dans le Midi de la France. Le couple étranger pourrait être espagnol, italien ou portugais.

MIMES, SKETCHES ET JEUX DE RÔLES

** et ***   En famille   34

Voici quelques situations conflictuelles au sein de la vie familiale.

– La famille est au salon – le père, la mère, les deux enfants. On cherche à se mettre d'accord sur le programme de télévision de la soirée.

– La famille doit prendre une décision au sujet des vacances d'été : mer ? Montagne ? Campagne ? Voyage à l'étranger ?

– Le fils veut acheter une moto et l'annonce à la famille au cours d'un repas.

– La fille rentre un soir et annonce au cours du dîner qu'elle va quitter la maison pour vivre avec un copain.

– Le père et les deux enfants sont au salon et regardent la télévision après le dîner tandis que la mère fait la vaisselle à la cuisine. Tout à coup, la mère entre dans le salon, éteint la télévision et annonce qu'elle en a assez et qu'elle exige une nouvelle répartition du travail domestique.

✱✱✱ Réactions spontanées 35

Objectif
Entraîner les élèves à réagir spontanément dans diverses situations et à inventer des réponses personnelles soit sérieuses soit drôles ou amusantes.

Déroulement
Vous décrivez brièvement une situation dans laquelle il y a un problème à résoudre ou une difficulté à surmonter. Vous demandez à chacun d'y réfléchir quelques instants, puis de donner à tour de rôle sa solution, sa réponse. Vous spécifiez bien que toutes les réponses seront acceptées et qu'il n'est pas défendu de faire preuve d'imagination.

Voici quelques situations :

– Vous êtes en vacances en Corse. Vous avez perdu votre portefeuille et vous n'avez plus d'argent. Que faites-vous pour rentrer chez vous ou comment allez-vous rentrer chez vous ?

– Vous arrivez dans une ville en France, un soir pendant vos vacances. Tous les hôtels sont complets. Comment allez-vous passer la nuit ?

– Vous devez traverser un pré entouré d'une clôture et dans lequel se trouve un taureau. Comment allez-vous vous y prendre pour traverser ce pré ?

– Vous êtes allé au cinéma et vous vous êtes endormi pendant le film. Quand vous vous réveillez, vous vous rendez compte que vous êtes seul et enfermé dans la salle de cinéma. Que faites-vous ?

– Vous n'avez plus d'argent et vous avez une faim de loup. Que faites-vous pour vous procurer quelque chose à manger ?

– Un matin vous vous réveillez et vous n'avez pas la moindre envie d'aller en classe ou d'aller travailler et vous décidez de rester à la maison. Quelle raison ou quel prétexte allez-vous donner pour justifier votre décision ?

MIMES, SKETCHES ET JEUX DE RÔLES

6 Créativité

36 Création de mots nouveaux
   – *Variantes*
37 Création de phrases et de récits à partir de matrices
   – *Variante*
38 Conséquences
   – *Variantes*
39 Concassage ou qu'est-ce qu'on peut faire avec une gomme ?
40 Avec des si...
41 Moi, j'emporterais...
   – *Variantes*
42 Récit collectif
   – *Variantes*
43 Associations de mots et d'idées
   – *Variantes*

Objectif
Encourager les élèves à donner libre cours à leur imagination et à s'exprimer aussi spontanément que possible[1].

---

[1]. La plupart des exercices proposés ici sont des applications du chapitre V de *Jeu, langage et créativité*. Les jeux dans la classe de français. J.-M. Caré et F. Debyser, Hachette – Larousse.

87

** et *** Création de mots nouveaux

(les mots-valises)

36

Préparation

Vous dressez sur le tableau avec vos élèves, sous forme de remue-méninges, une liste de vêtements qu'ils connaissent.

Déroulement

Vous demandez ensuite à chaque élève d'inventer un nouveau vêtement en combinant deux ou plusieurs éléments de vêtements différents. Ainsi en combinant le début du mot *chemise* avec la fin du mot *pantalon*, on peut créer le mot « chemilon », en combinant d'autres syllabes, on obtient « pantamise », etc.

Attention : il faut que ce mot sonne « français », il faut que la combinaison forme une suite de lettres et de syllabes que l'on pourrait trouver dans un mot français.

Une fois le mot inventé, chacun devra décrire le nouveau vêtement et aussi le dessiner. Puis chacun pourra présenter son dessin et décrire le nouveau vêtement à ses camarades.

Voici quelques vêtements inventés par des élèves britanniques :

le chetalon : vêtement unisexe d'une seule pièce en toile bleue avec un col rond et une fermeture-éclair dans le dos.

le slipillon (slip + nœud-papillon) : nœud-papillon pour naturistes invités à un concert de musique classique.

*** Variante 1

L'escargouille

On peut proposer aux élèves d'inventer des mots nouveaux à partir des catégories suivantes :
– les animaux,
– les meubles,
– les instruments de musique,
– les boissons,
– les aliments (les plats),
– les fleurs,
– les arbres,
– les fruits,
– les moyens de communication,
– les outils.

JEUX ET ACTIVITÉS COMMUNICATIVES

Après avoir fait une liste des différents animaux, par exemple, les élèves doivent inventer un nouvel animal. Au lieu de le décrire uniquement, vous leur demandez de donner une définition du nouvel animal telle qu'elle pourrait se trouver dans un dictionnaire. Voici un exemple inventé collectivement par une classe d'étudiants avancés travaillant sur les stéréotypes français.[1]

Escargouille (escargot + grenouille) n.f. (du latin *escargola*). Animal amphibie de la famille des batrapodes dont la chair est très prisée dans les limites de l'Hexagone. Se prépare avec une sauce au beurre et à l'ail, se mange avec un béret sur la tête, une gauloise au coin des lèvres et un verre de vin rouge à la main. Ne peut être exportée que lorsqu'une tolérance à l'ail a été développée.

L'ouverture de la chasse à l'escargouille est fixée au 14 juillet. Pour chasser l'escargouille, il suffit de se munir d'un magnétophone à cassettes jouant la *Marseillaise*. Dès que l'escargouille entend l'hymne national, elle se met au garde-à-vous et il suffit de se baisser et de la ramasser.

L'exportation de l'escargouille vers les pays francophones est en pleine expansion.

*** Variante 2

Le léoteuil

On peut encore créer des mots plus inhabituels en combinant différentes catégories telles que les meubles avec les animaux pour aboutir à un léoteuil, par exemple (léopard + fauteuil).

Léoteuil : fauteuil en peau de léopard servant de siège pendant la journée et de tapis pendant la nuit.

---

1. D'autres exemples pourraient être inspirés par l'ouvrage de P. Léon : *Grépotame*, 250 drôles d'animaux croisés. Nathan, Paris.

**
et
***   **Création de phrases
et de récits
à partir de matrices**   37

1 Que peut faire X avec un Y ?

Préparation

Vous demandez aux élèves de vous donner dix noms de personnes célèbres ou non, ou de métiers ou de professions et vous les écrivez au tableau en les numérotant de 1 à 10. Vous faites ensuite, de la même façon, une liste de 10 objets quelconques en face de la première liste :

1	professeur	1	brosse à dents
2	pape	2	stylo
3	aviateur	3	bouquet de roses
4	coiffeur	4	lunettes de soleil
5	Jeanne d'Arc	5	bikini
6	infirmière	6	tasse de café
7	Sophie d'Espagne	7	rasoir électrique
8	pompier	8	tarte aux pommes
9	danseuse	9	cendrier
10	épicier	10	lampe de poche

Déroulement

A partir de cette matrice à 100 combinaisons possibles, vous pouvez faire poser des questions par vos élèves et faire trouver des solutions... plus amusantes que sérieuses !

Cette matrice peut fonctionner de différentes façons :

Vous donnez deux nombres entre 1 et 10 et vous désignez un élève qui doit lire la question et donner une réponse :

« Daniel 4 et 10 ».

Daniel lira la question : *Que peut faire un coiffeur avec une lampe de poche ?*

Réponse : *Il peut l'utiliser pour chercher les cheveux sur la tête d'un chauve.*

Vous demandez à chaque élève de choisir une question et de la poser à un camarade de son choix.

Vous choisissez une question et chacun doit donner une réponse.

JEUX ET ACTIVITÉS COMMUNICATIVES

Vous choisissez une question et vous faites la liste de toutes les solutions proposées sous forme de remue-méninges ou de « concassage[1] ».

Attention... toutes les solutions sont acceptées !

2   Pourquoi X met-il un Y $\genfrac{}{}{0pt}{}{\text{sur}}{\text{dans}}$ le Z ?

Préparation

Vous procédez de la même façon que dans l'exercice précédent, mais cette fois-ci vous préparez trois listes, une pour les personnes et/ou métiers, une autre pour les objets et une troisième pour les lieux et endroits où l'on peut poser ou mettre un objet.

Déroulement

Vous pouvez faire fonctionner la matrice de la même façon que dans l'exercice précédent :

Pourquoi le/la/l'	met-il un/une	sous dans un/une sur

1 inspecteur	1 téléphone	1 banc public
2 directrice	2 pipe	2 parc
3 gangster	3 dictionnaire	3 métro
4 secrétaire	4 enveloppe	4 réfrigérateur
5 bouchère	5 cactus	5 salle de bains
6 scaphandrier	6 pamplemousse	6 radiateur
7 Prince Charles	7 brosse à dents	7 fauteuil
8 gladiateur	8 clou	8 poubelle
9 amiral	9 baguette	9 trottoir
10 balayeur	10 bouteille de vin	10 sac à main

Variante

Vous pouvez également poser la question en mettant le verbe au passé composé :

« Pourquoi l'inspecteur a-t-il mis un clou sur le fauteuil ? »

---

1. Voir page 95, la description de cette activité.

CRÉATIVITÉ

*** Conséquences   38

Déroulement

Vous divisez la classe en groupes de deux. Chaque participant prépare par écrit une question commençant avec « Pourquoi » et plie la feuille de papier de sorte que son partenaire ne puisse pas lire la question. Ce dernier répond par écrit à la question. Ensuite chaque groupe lit à haute voix les questions et les réponses.

Exemples :

1. Pourquoi Cathy est-elle si jolie ?
2. Parce qu'il pleut ce matin.

1. Pourquoi est-ce que tu es triste ?
2. Parce que la terre est ronde.

1. Pourquoi est-ce que je suis ici ?
2. Parce que le bistrot est fermé.

** Variante 1

Au lieu de partir de la question « pourquoi », vous leur demandez de commencer des phrases avec si... suivi d'une proposition principale.

Exemples :

1. Si les vaches volaient
2. les enfants chanteraient.

1. Si le professeur était beau
2. je mangerais ma soupe.

** Variante 2

Déroulement

Vous divisez la classe en groupes de 5 et vous expliquez aux élèves que vous allez rédiger un petit récit d'après le schéma suivant.

1. Qui...   2. a fait quoi...   3. où...
4. quand...   5. avec quelles conséquences...

Chaque élève doit remplir une rubrique, plier le papier et le passer au suivant. N'oubliez pas de demander à chaque élève d'inscrire le **numéro** de sa rubrique avant de la compléter. Si un groupe ne comprend que 3 ou 4 élèves, les joueurs n° 1 et n° 2 peuvent compléter les rubriques 4 et 5.

Exemples :

1 1. *Ma sœur* 2. *a chanté* 3. *dans la cave*
     4. *le matin.* 5. *L'orage a éclaté.*

2 1. *Sophia Loren* 2. *a mangé une pomme*
     3. *dans l'ascenseur* 4. *l'année dernière.*
     5. *Tout le monde a pleuré !*

✱✱   *Variante 3*

Au lieu de faire cet exercice individuellement, vous divisez la classe en 5 groupes et vous demandez à chaque groupe de trouver pour une des 5 rubriques 5 ou 10 exemples sur lesquels ils devront se mettre d'accord à l'intérieur du groupe.

Exemple :

Groupe 1
1. La coiffeuse
2. Mozart
3. Einstein
4. Le cuisinier
5. L'étudiante

Groupe 2
1. a volé une orange
2. a joué au football
3. a dansé le rock
4. a appris la leçon
5. a ouvert le parapluie

Groupe 3
1. sous le lit
2. dans un taxi
3. à Berlin
4. sur la table
5. dans la piscine

Groupe 4
1. à minuit
2. en hiver
3. la semaine dernière
4. hier soir
5. le 14 juillet

Groupe 5
1. et elle s'est cassé la jambe.
2. et il est devenu chauve.
3. et il a perdu son portefeuille.
4. et il a vidé son verre de vin.
5. et il a neigé.

Vous pouvez demander à chaque groupe de lire dans l'ordre les différents exemples les uns après les autres :

1. *La coiffeuse a volé une orange sous le lit à minuit et elle s'est cassé la jambe.*

Vous pouvez également leur demander d'écrire tous les exemples du tableau et de choisir ensemble la ou les phrases les plus amusantes ou les plus réalistes.

Variante 4

✱✱✱   Le mariage chinois

Déroulement

Toujours selon la technique des papiers pliés, vous composez un récit collectif à 9 entrées. Vous divisez la classe en groupes de 9 élèves. Si un groupe est incomplet, deux ou trois élèves peuvent compléter les entrées manquantes. L'élève numéro 1 complète son entrée, plie la feuille et la passe au numéro 2 et ainsi de suite jusqu'au numéro 9.

CRÉATIVITÉ

Voici ce que chaque participant doit écrire. Au besoin, vous pouvez donner ces indications sur le tableau :

N° 1. *La* + adjectif qualificatif féminin.
N° 2. personnage féminin, nom de métier ou profession
N° 3. *rencontre le* + adjectif qualificatif masculin
N° 4. personnage masculin ou métier/profession
N° 5. un lieu de rencontre
N° 6. une action commune
N° 7. *Elle lui dit :* « + une phrase quelconque ».
N° 8. *Il lui répond :* « + une phrase quelconque ».
N° 9. Une phrase en guise de conclusion.

Cette matrice pourra par exemple donner le récit suivant :

La charmante (1) *inspectrice* (2) *rencontre le gros* (3) *jardinier* (4) *sur le trottoir* (5). *Ils se regardent* (6). *Elle lui dit :* « *J'ai oublié mes lunettes* » (7). *Il lui répond :* « *J'ai mal aux pieds* » (8). *Et chacun est rentré chez soi* (9).

** et *** Concassage ou qu'est-ce qu'on peut faire avec une gomme ? 39

Déroulement

Le concassage est une variante du remue-méninges. Il s'agit de trouver toutes les utilisations possibles et imaginables d'un objet.

A partir de la question : « Qu'est-ce qu'on peut faire avec une gomme ? », vous faites un remue-méninges avec toute la classe et vous écrivez la liste des usages proposés de la gomme au tableau. Puis, par groupes de 4, les élèves choisiront puis présenteront à toute la classe 4 usages sur lesquels ils se seront mis d'accord. Vous pouvez aussi faire cet exercice sous forme de « tour de classe » ; chaque élève donne sa solution à tour de rôle et la justifie ou l'explique :

Avec une gomme
on peut effacer ses fautes.
on peut effacer des taches de rousseur.
on peut la lancer sur un voisin.
on peut la mâcher.
on peut la mettre sous le pied d'une chaise.
on peut en faire une brique.
on peut en faire un oreiller.
on peut l'utiliser pour réparer un pneu.
on peut l'utiliser pour boucher un trou.
on peut caler une porte ou une fenêtre.
on peut effacer son passé.
on peut l'offrir comme cadeau au professeur.
on peut en faire un monocle.

Voici quelques objets à partir desquels vous pourrez faire un « concassage » avec vos élèves :

- une ficelle
- un crayon
- un parapluie
- un chapeau
- une voiture d'enfant

- un marteau
- une pomme
- un bigoudi
- un dictionnaire
- une feuille de papier.

CRÉATIVITÉ

** et *** Avec des si... 40

Objectif
Apprendre à manier les différentes formes du conditionnel et à exprimer des souhaits.

Déroulement
Vous posez une question à toute la classe et chaque élève doit préparer une réponse personnelle sincère ou fantaisiste à cette question. Donnez-leur un peu de temps (environ une minute) avant de leur demander de répondre chacun à tour de rôle et de justifier son choix.

Voici quelques exemples :
- Qu'est-ce que tu ferais si tu gagnais le gros lot à la Loterie Nationale ? (ou au Loto ou aux pronostics de football)
- Si tu pouvais être un homme célèbre, qui aimerais-tu être et pourquoi ?
- Si tu étais une ville...
- Si tu étais un pays...
- Si tu étais un monument...
- Si tu étais une plante, une fleur...
- Si tu étais une voiture...
- Si tu étais un film...
- Si tu étais un livre...
- Si tu étais un musicien...
- Si tu étais un acteur/une actrice de cinéma... etc.

Et pour terminer, pourquoi ne pas leur proposer la situation suivante :

« Si, après votre mort, vous pouviez revenir sur terre, qui aimeriez-vous être, ou qu'est-ce que vous aimeriez être ? et pourquoi ? »

Voici quelques réponses données par des élèves d'une classe terminale.

« *J'aimerais être un chat pour être caressé.* »

« *J'aimerais être une mouette pour voler au-dessus de la mer.* »

« *J'aimerais être une fleur pour être admirée.* »

« *J'aimerais être un coucou ; comme ça, les autres travailleraient pour moi et me feraient le nid.* »

« *J'aimerais être un bateau pour être toujours sur la mer.* »

** et *** Moi, j'emporterais... 41

Préparation
Vos élèves doivent choisir ce qu'ils aimeraient emporter avec eux :
– s'il devaient aller à l'hôpital ;
– s'il devaient faire un long voyage en train, en bateau, ou en avion ;
– s'ils devaient partir seuls sur une île déserte ;
– s'ils devaient partir sur une autre planète sans jamais pouvoir revenir sur terre.

Déroulement
Vous choisissez une des situations ci-dessus selon le niveau de la classe. Puis vous demandez à chaque élève de faire une liste de ce qu'il aimerait emporter. Demandez-leur de trouver le plus d'objets et d'articles possibles ou fixez-en le nombre à 10, par exemple.

Une fois cette liste faite, les élèves se mettent deux par deux et comparent leurs listes.

Ensuite, ils doivent se mettre d'accord sur une liste commune de 7 objets, qu'ils aimeraient emporter tous les deux.

Puis, par groupes de 4, ils doivent établir une nouvelle liste de 7 objets, commune à chaque groupe.

Pour terminer, chaque groupe lit sa liste ou l'écrit au tableau.

Variante 1
Au lieu de faire établir des listes individuelles, vous pouvez faire une liste commune sous forme de remue-méninges.

Variante 2
L'exercice peut aussi être fait individuellement. Chaque élève fait, par exemple, la liste de tout ce qu'il aimerait emporter sur une île déserte... Il faut qu'il trouve au moins **dix** objets à emporter tels que :

– un miroir
– des allumettes
– une canne à pêche
– des semences
– un transistor
– un couteau
– une bêche
– une bouteille de champagne
– les œuvres complètes de Shakespeare
– des jumelles.

CRÉATIVITÉ

Puis vous dites : « Attention, vous n'avez plus le droit d'emporter dix choses différentes, mais seulement *trois*. Lesquelles choisissez-vous ? »

Une fois le choix fait, chaque élève donne sa liste à tour de rôle :

« *Moi, j'emporterais*   – *un couteau*
                         – *un miroir*
                         – *les œuvres complètes*
                           de Shakespeare. »

Les choix pourront, bien entendu, être expliqués, puis mis en question par les participants au cours de la mise en commun.

** et *** Récit collectif   42

Préparation

Au lieu de partir d'une matrice, vous ne donnez que la première phrase à laquelle chaque élève, à tour de rôle, ajoute une autre phrase jusqu'à ce que tout le groupe ou toute la classe ait participé.

Revoyez avec vos élèves la façon de construire un récit et les enchaînements avec les conjonctions de coordination et les adverbes : « *Et puis... et ensuite, après... après ça... alors... puis il m'a dit : ..., je lui ai répondu : ...* »

Attention, il s'agit d'un exercice oral. Les élèves doivent écouter très attentivement ce que chacun dit afin de pouvoir enchaîner logiquement.

Enregistrez le récit. Vous pouvez ensuite l'écouter avec toute la classe pour l'analyser, le compléter ou le changer.

Déroulement

Vous proposez une phrase qui, d'une certaine façon, puisse déclencher et orienter le récit, mais vous pouvez aussi proposer une phrase quelconque qui pourra donner un récit plus créatif.

Voici un récit composé par un groupe à un niveau avancé à partir de la phrase suivante :

« Hier soir, en sortant de chez moi, je suis tombé sur Jean-Paul Belmondo ».

1. Je lui ai dit : « Quelle surprise de vous voir ici !
2. Qu'est-ce que vous faites dans ce quartier ? »
3. Il m'a répondu : « Rien, je me balade.
4. Et vous, qu'est-ce que vous faites ce soir ? »
5. – Oh moi... rien de spécial.
6. Je vais faire un tour.
7. – Je vous invite à prendre un pot ?
8. – Avec plaisir, j'admire tellement vos talents d'acteur.
9. – Oh vous savez... c'est le métier. »
10. Et ils sont entrés dans le café du coin.

Vous intervenez uniquement à la demande des élèves et surtout ne cherchez pas à orienter le récit dans une direction ou dans une autre. Vous ferez part de vos remarques et de vos réflexions à toute la classe au cours de la discussion, une fois le récit complété.

Voici quelques phrases de départ :

– Le matin, je me réveille à sept heures.
– Ce matin, je me suis réveillé à sept heures comme d'habitude.
– Ce matin, mon réveil a sonné à sept heures et je ne l'ai pas entendu.

CRÉATIVITÉ

– Ce matin, mon réveil a sonné à sept heures, comme d'habitude, mais j'ai décidé de rester au lit.
– En rentrant à la maison, j'ai vu un accident spectaculaire.
– Hier soir, je suis sorti avec des copains.
– Hier soir, Pierre, en allant au bistrot, s'est cassé la jambe.
– Qu'est-ce qu'on fait ce soir ?
– Alors, vous avez passé de bonnes vacances ?

*** *Variante*

Placer sa phrase

Préparation

Vous préparez une série de papiers sur lesquels vous écrivez des phrases quelconques, disparates, telles que :
– Le téléphone est en panne.
– Il est mignon, votre chien.
– Quel beau clair de lune ce soir !
– Je n'aime pas les blondes.
– On m'a volé mon vélo.
– J'ai peur du cancer.
– Tu ne portes plus de lunettes ?
– Paris est splendide au mois de mai !
– Mon chien a mordu la voisine.

Déroulement

Vous placez ces papiers sur votre bureau et vous demandez à deux volontaires de venir prendre un de ces papiers, de lire la phrase et de l'apprendre par cœur. Vous ramassez les deux papiers et vous leur donnez la consigne suivante :
« Voilà... vous vous rencontrez tous les deux dans un parc, dans un café, ou dans la rue et vous entamez une conversation au cours de laquelle vous devez chacun essayer de placer votre phrase de la façon la plus naturelle possible. Le reste de la classe écoute la conversation et cherche à deviner quelles sont les phrases que vous devez placer. »
Arrêtez la conversation dès que les deux phrases seront dites.

Variante

Au lieu de préparer vous-même ces phrases, vous demandez aux élèves de le faire.

Vous pouvez rendre ce jeu compétitif en divisant la classe en deux groupes. A tour de rôle, chaque groupe désigne un élève qui prendra part au jeu et le premier à placer sa phrase marque un point.

* et ** **Associations de mots et d'idées**   **43**

Préparation

Vous choisissez un mot quelconque (*blanc, fleur, musique, téléphone, lentement, chanter,* etc.) et vous l'écrivez sur le tableau.

Déroulement

Vous demandez à un élève :
« A quoi te fait penser le mot *blanc* ?
Avec quel mot est-ce que tu l'associes ?
Qu'est-ce que ce mot te suggère ?
Et pourquoi ? »
L'élève répond, par exemple, *neige.*
Vous écrivez ce mot sous le mot *blanc.*
Et vous demandez à l'élève de dire pourquoi le mot *blanc* le fait penser à *neige.*
Il répond : « *Parce que la neige est blanche* ».
Puis vous demandez au suivant : « A quoi te fait penser le mot *neige* ? » Il répond : *montagne.*
Vous écrivez ce mot sous *neige.* A son tour, il dit pourquoi il pense à *montagne.*
« *Parce qu'il y a de la neige dans les montagnes.* »
Et ainsi de suite jusqu'à ce que vous ayez fait le tour de la classe.
Voici ce que l'association de mots a donné avec une classe (5ᵉ année de français) – *blanc – neige – montagne – ski – jambe cassée – vacances – soleil – chaleur – île tropicale – paradis – bonheur – liberté – argent – voyage – vélo – santé – dormir – rêver.*

*   *Variante 1*

A un niveau moins avancé, vous proposerez un mot différent à chaque élève sans lui demander de justifier son choix. Acceptez toutes les réponses et ne cherchez pas à obtenir des justifications et des associations trop rationnelles telles que :

crayon : bureau
    »   travail
    »   dessin
    »   exercice,

mais acceptez aussi :   *crayon :* oreilles
                                  »   chewing-gum
                                  »   feu
                                  »   flèche.

CRÉATIVITÉ

** et
*** Variante 2
Le mot-déclic

Déroulement

Vous demandez à vos élèves de réfléchir et de noter par écrit ce que leur suggère un mot, ce à quoi il leur fait penser, en partant par exemple de la question :

« Que représente pour vous le mot *vacances* ? » Après une minute de réflexion, chaque élève, à tour de rôle, dit en une ou deux phrases ce que lui suggère ce mot.

Voici quelques réponses obtenues :

Pour moi, les vacances
- *c'est dormir*
- *c'est aller ailleurs*
- *c'est la mer*
- *c'est la Grèce*
- *c'est le soleil*
- *c'est bronzer*
- *c'est partir sans les parents*
- *c'est ne pas aller au lycée*
- *c'est la planche à voile*
- *c'est aller à la pêche*
- *c'est rêver et dormir*
- *c'est partir à pied avec des copains.*

Vous pouvez faire cet exercice en proposant à vos élèves des faits ou des événements actuels (la coupe du monde de football, les élections, la mort d'un personnage célèbre, etc.) ou des notions plus générales telles que la pollution, être riche, être heureux, le mariage, l'école, la famille, la liberté, un bon repas, une bonne soirée.

7 Pour se détendre

44 Pigeon vole
   - *Variantes*
45 Deux pas à gauche
46 De bouche à oreille
47 Où est la gare ?
   - *Variantes*
48 Et si on dessinait ?
   - *Variante*
49 Un peu de mémoire
50 Qu'est-ce qui a changé ? Qu'est-ce qui est différent ?
   - *Variante*
51 J'aime les fleurs mais je n'aime pas l'arbre
   - *Variantes*

* et ** **Pigeon vole** 44

Objectif
Comprendre une consigne et y réagir en exécutant un certain nombre d'activités physiques.

Déroulement
Les élèves doivent lever la main chaque fois que vous dites une phrase commençant par un oiseau, un insecte ou un appareil qui vole. Si vous remplacez ce mot par un objet ou un animal qui ne vole pas, les élèves ne lèvent pas la main.

Ainsi, si vous dites :

Pigeon vole	– les élèves lèvent la main.
Moineau vole	» » » » »
Concorde vole	» » » » »
Table vole	– les élèves ne doivent pas lever la main.

Ceux qui se trompent et lèvent la main sont éliminés. Vous jouez jusqu'à ce que tous les élèves soient éliminés.

Vous pouvez accélérer le rythme de l'exercice lorsqu'il ne reste plus beaucoup d'élèves en lice.

Utilisez tous les noms d'oiseaux connus des élèves sans oublier les insectes (papillons, mouches, moustiques, libellules, etc.) ni les appareils, ni les objets volants comme hélicoptère, fusées, vaisseau spatial, etc.

Au lieu d'utiliser le verbe *voler*, vous pouvez faire le même jeu avec d'autres verbes d'actions tels que *marcher/courir, nager, manger...*

* **Variante 1**

« Didier dit : »

Déroulement
Cette variante permet une utilisation de vocabulaire et de structures plus variée. Voici les consignes que vous pouvez donner :

« Chaque fois que je commence une phrase par « Didier dit », vous faites ce que je vous dis de faire.

Si je vous dis de faire quelque chose sans commencer par « Didier dit... » vous ne bougez pas. Celui qui se trompe est éliminé. »

Et vous commencez !

« Didier dit : Levez-vous. » Les élèves se lèvent.

Puis : « Asseyez-vous ». Ceux qui s'assoient sont éliminés.
Puis : « Didier dit : Regardez le plafond ». Et les élèves regardent le plafond.

Voici une série d'actions que vous pouvez faire exécuter par les élèves :

Tournez-vous vers la gauche, la droite. Mettez la main droite sur la tête, dans la poche. Applaudissez. Croisez les bras. Montrez le poing gauche. Regardez la porte. Ouvrez la bouche. Mettez la main gauche dans votre dos. Levez les bras. Prenez votre crayon, stylo... Levez le pied gauche, etc.

* et
**   *Variante 2*
       Levez-vous... Asseyez-vous

Déroulement

Vous demandez à vos élèves soit de se lever, soit de s'asseoir, selon les instructions que vous pouvez donner de la façon suivante :

« Levez-vous   si vous portez un pull-over bleu. »
                si vous portez des chaussures noires.
                si vous portez des blue-jeans.
                si vous avez une montre à quartz.
                si vous n'avez pas de montre.
                si vous portez des lunettes.
                si vous avez des cheveux blonds.
                si vous portez des verres de contact.
                si vous aimez le football.
                si vous jouez au tennis.
                si vous êtes nés en 1970.
                etc.

« Asseyez-vous si vous ne savez pas nager. »
                si vous avez déjà fumé.
                si votre voisin/e a les cheveux roux.
                si vous avez un chapeau ou une casquette.
                si vous n'avez pas de sœur.
                si vous avez plus d'un mètre soixante-dix.
                si vous n'aimez pas le français.

Vous proposez des phrases jusqu'à ce que tous les élèves se soient levés puis assis. Vous pouvez vérifier si vos élèves ont été honnêtes, au besoin avec l'aide de la classe !

POUR SE DÉTENDRE

* Deux pas à gauche 45

Préparation

Faites une liste des instructions que les élèves doivent connaître pour indiquer une **direction à suivre** (A droite, à gauche, tout droit, deux pas à droite..., arrête, tourne à gauche, continue tout droit, stop !)

Vous avez besoin d'un foulard pour bander les yeux.

Déroulement

Divisez la classe en groupes de deux. Un des deux partenaires aura les yeux bandés et sera placé dans un coin de la salle de classe. A l'aide des indications de son partenaire, il devra se rendre dans l'autre coin de la salle de classe ou au bureau du professeur **sans rien toucher**, sans se heurter aux meubles de la classe.

On peut instaurer un système de points : chaque fois que l'un des partenaires se trompe soit en donnant des ordres, soit en les exécutant, on lui donne un mauvais point.

Le gagnant sera celui qui aura le moins de points de pénalisation.

*, ** et *** **De bouche à oreille**   46

Objectif
Comprendre et transmettre un message.

Déroulement
Vous murmurez une phrase à voix basse à un élève qui doit transmettre le message à son voisin qui le transmet à son tour au suivant jusqu'à ce que le message ait fait le tour du groupe ou de la classe. Le dernier élève dira à haute voix la phrase telle qu'il l'aura entendue.

Attention : il faut que cet exercice se déroule sur un rythme plutôt rapide.

Voici quelques messages :
- Est-ce que la lune brille toute la nuit ?
- S'il y a des nuages, on ne voit pas la nuit.
- Je n'aime pas les saucisses de Strasbourg sans moutarde.
- Six cents saucissons dans le sous-sol.
- Sept soldats sortent ensemble de la caserne en chantant.

Peut-être pourrez-vous augmenter la difficulté de cet exercice avec ces phrases-pièges bien connues :
- Trois gros rats gris dans trois gros trous ronds.
- Les chaussettes de l'archiduchesse sont sèches et archisèches.
- Un chasseur sachant chasser doit savoir chasser sans son chien !

POUR SE DÉTENDRE

✱✱ Où est la gare ? 47

Préparation

Vous faites avec vos élèves une liste des bâtiments publics et des monuments d'une ville française (la gare, le cinéma Odéon, le cinéma Rex, l'Opéra, la cathédrale, l'église Saint-Jean, le musée, l'université, le lycée Charles de Gaulle, le collège Jean Jaurès, la gare routière, la préfecture, la caserne, la prison, le stade, la piscine, etc.).

Puis vous demandez à chaque élève de préparer deux feuilles en y traçant des cases de la façon suivante :

	1	2	3	4	5
a					
b					
c					
d					
e					

Le nombre de cases peut varier selon la longueur de votre liste de bâtiments, mais il faut également prévoir des cases vides.

Puis vous demandez à chaque élève d'inscrire ces bâtiments dans différentes cases, selon son choix sur la première feuille.

	1	2	3	4	5
a	la gare			la piscine	l'université
b	cinéma Odéon	la cathédrale			le lycée Charles de Gaulle
c		le musée	cinéma Rex		l'Opéra
d	CES Jean Jaurès		la préfecture		la prison
e	l'église Saint-Jean			le stade	

108   JEUX ET ACTIVITÉS COMMUNICATIVES

Déroulement

Formez des groupes de deux. Maintenant, en utilisant la feuille avec des cases vides, chaque élève, à tour de rôle, cherchera à découvrir dans quelles cases son partenaire a placé les bâtiments en lui posant des questions

Exemple : « *Est-ce que la piscine est en a.4 ?* »

Si la réponse est affirmative il inscrit *piscine* dans la case « a.4 ». Puis il continue à poser des questions jusqu'à ce qu'il obtienne une réponse négative. Et alors c'est au tour de son partenaire de lui poser des questions.

Le premier à avoir découvert où son partenaire a placé tous les bâtiments de la liste sera le gagnant.

Cet exercice peut également se faire par groupes de quatre.

✶✶ *Variante*

Un peu d'urbanisme

Préparation

Vous demandez à chacun de vos élèves de tracer sur une grande feuille des cases comme pour le plan d'une ville.

	1	2	3	4	5
a					
b					
c					
d					
e					

Déroulement

Puis vous demandez à vos élèves de se mettre en groupes de deux et de tracer le plan d'une ville idéale, de l'arranger comme ils l'entendent.

Au besoin, vous pouvez les aider en faisant d'abord une liste des bâtiments et des installations que peut comporter la ville : gare, gare routière, aéroport, centres commerciaux, magasins, maisons d'habitation, grands ensembles, espaces verts, stades, piscines, zones piétonnes, pistes cyclables, théâtres, cinémas, usines, Maison de Jeunes, Opéra, salles de concerts, discothèques, etc.

POUR SE DÉTENDRE

Il est préférable d'utiliser différentes couleurs pour tracer le plan de la ville sur la grille.

Une fois le plan terminé, chaque groupe cherchera à deviner l'agencement du plan de la ville d'un autre groupe en lui posant des questions et en inscrivant sur une grille vide les informations obtenues. Par exemple :

« *Est-ce qu'il y a une rivière dans votre ville ?*
– *Oui, il y a une rivière.*
– *Où est-ce qu'elle passe ?*
– *Elle passe de c 1 en d 2, puis en d 3, puis en c 4 et ensuite en b 5.*
– *Vous avez une piscine dans votre ville ?* »
Etc.

A la fin de l'exercice, on comparera les deux plans.

Si vous n'avez pas fait la liste des bâtiments et installations de la ville avant l'exercice, vous pouvez le faire maintenant à partir de ceux proposés par les élèves que toute la classe pourra compléter.

Variante

Le même exercice peut se faire à partir d'un plan d'organisation imaginaire d'une île sur laquelle on fixera l'emplacement des montagnes, des rivières, des plaines, des villes, des ports, des usines, etc.

** Et si on dessinait ?   48

Objectif
Comprendre une description et la reproduire sous forme de dessin.

Préparation
Vous choisissez un document visuel (image, dessin, photo) que vous allez décrire minutieusement à vos élèves pour leur permettre de le reproduire le plus fidèlement possible.

Il faut choisir un document visuel dont ils puissent comprendre la description et correspondant à leur niveau linguistique. Attention à l'ordre dans lequel vous allez faire cette description.

Déroulement
Pour le dessin suivant, vous pouvez procéder ainsi en donnant d'abord l'indication générale suivante : c'est une scène à la campagne, dans un pré, au bord d'une rivière.

Au fond, vous avez une rivière qui coule de la droite vers la gauche. Il y a trois arbres (trois peupliers), au bord de la rivière. Un à droite, un au milieu, un à gauche. A gauche de l'arbre du milieu, il y a un pêcheur assis sur un pliant. Derrière le pêcheur, au milieu de l'image, dans le pré, il y a une table de camping. Sous la table, il y a un petit chien qui ronge un os. Sur la table, etc.

POUR SE DÉTENDRE

Une fois la description terminée, vous demandez aux élèves de montrer leurs dessins pour les comparer à l'original.

Cet exercice de compréhension orale peut se faire à partir de documents visuels très simples, très pédagogiques mais il peut également déboucher sur des productions plus artistiques, en particulier si les élèves utilisent des couleurs.

* Variante
Avec une grille et des cases

Préparation

Au lieu de demander à vos élèves d'exécuter un dessin sur une feuille blanche, vous leur faites préparer une feuille divisée en cases numérotées de la façon suivante :

	1	2	3	4
A				
B				
C				
D				

Déroulement

Les élèves dessinent alors en suivant vos instructions et vos indications :

Dans la case A 4, il y a un chat.
Dans la case A 2, il y a un chien.
Dans la case A 3, il y a un os.
Dans la case B 3, il y a un oiseau.
Dans les cases C 1 et D 1, il y a un arbre.
Etc.

Laissez-leur le temps de dessiner les différents animaux, objets...

* et ** Un peu de mémoire — 49

Déroulement

Les élèves doivent répéter une phrase en y ajoutant à tour de rôle un élément nouveau. Vous leur donnez une phrase simple et vous demandez à un élève de répéter cette phrase en y ajoutant un mot. Puis le suivant reprend cette phrase et ajoute un autre mot à son tour, et ainsi de suite jusqu'à ce qu'un élève se trompe dans l'ordre des mots ou qu'il ne se souvienne plus de tous les mots. Et il est éliminé !

Vous pouvez partir :

– de quelques situations d'achat

● sous forme de demande

Phrase de départ : « Je voudrais du sucre. »

N° 1. *Je voudrais du sucre et du café.*

N° 2. *Je voudrais du sucre, du café et de la farine.*

N° 3. *Je voudrais du sucre, du café, de la farine et de l'huile...*

● sous forme de récit (utilisation du passé composé)

Phrase de départ : « Je suis allé au supermarché et j'ai acheté une livre de beurre. »

N° 1. *Je suis allé au supermarché et j'ai acheté une livre de beurre et une bouteille de vin blanc.*

N° 2. *Je suis allé au supermarché et j'ai acheté une livre de beurre, une bouteille de vin blanc et trois bouteilles de vin rouge,* etc.

– d'une situation de restaurant

● sous forme de commande

Phrase de départ : « J'aimerais des crudités. »

N° 1. *J'aimerais des crudités et du poulet.*

N° 2. *J'aimerais des crudités, du poulet et des haricots.*

N° 3. *J'aimerais des crudités, du poulet, des haricots et des frites,* etc.

● sous forme de récit

Phrase de départ : « Hier, je suis allé au restaurant et j'ai mangé du potage. »

N° 1. *Hier, je suis allé au restaurant et j'ai mangé du potage et du poisson.*

N° 2. *Hier, je suis allé au restaurant et j'ai mangé du potage, du poisson et des pâtes,* etc.

POUR SE DÉTENDRE

Pour varier les situations d'achats, n'oubliez pas les autres magasins tels que la pharmacie, la droguerie, la boulangerie, la pâtisserie, la librairie, ni les magasins de vêtements ou de meubles, ni le marchand de fruits et de légumes.

Pour faire cet exercice, vous pouvez utiliser des figurines de feutre ou d'autres documents visuels qui permettront aux élèves de retenir l'ordre dans lequel les mots ajoutés apparaissent.

** **Qu'est-ce qui a changé ? 50
Qu'est-ce qui est
différent ?**

Objectif
Entraîner les élèves à mieux observer, à relever et à décrire des différences.

Déroulement
Demandez à deux élèves de venir devant la classe. Vous leur dites de bien s'observer mutuellement de la tête aux pieds. Puis vous leur dites de se tourner le dos et de procéder à trois changements dans leur aspect extérieur : dans leurs vêtements, leur attitude, leur visage, leurs gestes, leur tenue.

Ensuite ils se font de nouveau face et chacun doit trouver et décrire les changements opérés par l'autre.

Vous pouvez augmenter progressivement la difficulté de l'exercice en demandant aux élèves de procéder à quatre, cinq, six, sept changements... On peut aller jusqu'à vingt ! Les élèves penseront d'abord à des changements vestimentaires, à enlever ou à déplacer les lunettes, les bracelets, les colliers, les boucles d'oreille.

Ensuite ils chercheront à changer leurs attitudes, leur mimique, ..., à fermer un œil, à jouer avec les doigts, à se gratter, à sourire, à faire des grimaces, etc.

Variante
Au lieu de faire venir deux élèves devant la classe, vous pouvez les mettre directement en groupes de deux et les faire procéder à 3 changements puis à 5 changements avec le même partenaire.

Puis vous pourrez recommencer le même exercice en leur demandant de changer de partenaire.

POUR SE DÉTENDRE

*, ** et *** **J'aime les fleurs mais je n'aime pas l'arbre**   51

Objectif
Reconnaître un certain nombre de classifications et de catégories grammaticales.

Préparation
A partir d'une phrase que vous allez donner oralement, vos élèves devront chercher à découvrir les catégories grammaticales ou le système de classification ou d'opposition que vous avez privilégiés dans votre phrase.
Ainsi dans « J'aime *les fleurs* mais je n'aime pas *l'arbre* », vous opposez le pluriel au singulier et les élèves à tour de rôle devront vous donner une phrase jusqu'à ce qu'ils aient découvert que, dans la première partie de la phrase, le substantif complément doit être au pluriel *(les fleurs)* et au singulier *(l'arbre)* dans la deuxième partie de la phrase.

Déroulement
Après avoir expliqué la règle de ce jeu, vous lancez l'activité avec la phrase suivante :
« J'aime le pain mais je n'aime pas le vin ».
Vous demandez au premier élève de faire une phrase :
Élève 1 : *J'aime la bière mais je n'aime pas l'eau.*
Vous : Non, au suivant.

(Vous pourrez répéter la phrase de départ si les élèves le demandent. A la rigueur, vous pourrez l'écrire sur le tableau.)
Élève 2 : *J'aime le cinéma mais je n'aime pas le théâtre.*
Vous : Non, au suivant.

Élève 3 : *J'aime le beurre mais je n'aime pas l'eau minérale.*
Vous : Oui, au suivant.

Élève 4 : *J'aime les pommes, mais je n'aime pas le whisky.*
Vous : Oui, au suivant.

Et ainsi de suite jusqu'à ce que tous les élèves aient deviné que vous opposiez un *aliment* à une *boisson*.
Attention... ce jeu peut être très frustrant, au bout d'un certain temps, pour ceux qui ne trouvent pas la solution. Faites appel à ceux qui ont découvert le système en leur demandant de faire des phrases correctes pour aider les autres.

Voici une série d'oppositions et de catégories que vous pourrez proposer à la sagacité de vos élèves.

– **Animaux masculins**   **Animaux féminins**
J'aime les *chiens* mais je n'aime pas les *vaches*.
– **Animaux**   **Plantes**
J'aime les *lions* mais je n'aime pas les *roses*.
– **Pluriel**   **Singulier**
J'aime *les fleurs* mais je n'aime pas *l'école*.
– Mot commençant par une **consonne**   **voyelle**
J'aime le *c*inéma mais je n'aime pas les *o*iseaux.
– **Verbes se terminant par** *er*   **Autres verbes**
J'aime march*er* mais je n'aime pas cour*ir*.

✳✳   *Variante 1*

Au lieu de partir toujours de la même phrase, vous pouvez proposer des phrases différentes permettant d'utiliser des formes plus variées, en particulier avec les verbes, par exemple :

– **Forme affirmative**   **Forme négative**
Pierre marche mais il ne court pas.
– **Verbe en** *er*   **Verbe non en** *er*
Pierre mange mais il ne boit pas.
– **Passé composé**   **Présent**
Pierre a marché mais il ne court pas.

Cet exercice peut vous permettre de réviser un grand nombre de points grammaticaux, mais faites attention de ne pas prolonger l'exercice qui peut provoquer l'exaspération des élèves qui ne trouvent pas la solution.

✳   *Variante 2*

Situations d'achat en opposant les différents articles achetés à partir de la phrase :
X achète... mais il/elle n'achète pas...

Pierre achète
    un *pantalon* mais il n'achète pas de *pommes*.
    une *chemise*   de *fleurs*.
    un *manteau*   de *voiture*.
    (vêtements)   (autres articles)

Sophie achète
    de la viande mais elle n'achète pas de *dentifrice*.
    du beurre   cahier.
    des biscuits   couteau.
    (aliments)

POUR SE DÉTENDRE

Philippe achète
   de la bière mais il n'achète pas d'oranges.
   du jus d'orange   de fraises.
   du lait   de fromage.
   (boissons)
Sylvie achète
   un cahier mais elle n'achète pas de couteau.
   un crayon   jupe.
   un taille-crayon   parfum.
   (articles pour écoliers)

✱✱✱ Variante 3

Voici encore quelques catégories utilisables à un niveau plus avancé :

Il aime les clés   mais pas les serrures.
      les clous   marteaux.
      les kangourous   Australiens.
(mots dont la première lettre se prononce k)

Il aime le sommeil mais pas les vacances.
      les flammes   le feu.
      les femmes   le mariage.
(mots comprenant des consonnes doubles)

Il aime manger mais il n'aime pas boire.
      danser   courir.
      chanter   parler.
(mots contenant le son -an-)

Elle préfère la lecture à la marche.
Elle préfère les mathématiques à la gymnastique.
Elle préfère la philosophie à la danse.
(activités intellectuelles)

✱✱ Variante 4

Perte de mémoire

Préparation

Vous demandez à trois ou quatre élèves de sortir de la classe avec vous et vous leur expliquez qu'à la suite d'un choc, ils ont perdu la mémoire et qu'ils ne se souviennent absolument pas de ce qui s'est passé hier. Par contre, les camarades qui sont dans la classe se souviennent de tout.

Vous leur dites qu'ils vont rentrer dans la classe l'un après l'autre pour essayer de découvrir ce qui s'est passé hier, ce que chacun d'entre eux a fait, en posant des questions à leurs camarades.

Ils ne peuvent poser que des questions fermées, autrement dit des questions auxquelles leurs camarades doivent répondre par « OUI » ou par « NON ».

Vous leur expliquez aussi qu'ils doivent découvrir, comme dans les exercices précédents, la règle du jeu : pourquoi est-ce que les camarades répondent « OUI » à telle question et « NON » à telle autre.

Déroulement

En rentrant dans la classe, vous donnez les mêmes explications au reste de la classe, puis vous leur donnez la règle du jeu suivante :

« Si la question de votre camarade se termine par un nom – un substantif – vous répondez « NON », si elle se termine par n'importe quel autre mot vous répondez « OUI ».

Exemples :

Est-ce que j'étais *seul* ?	*Oui*
Est-ce qu'il y avait beaucoup de *monde* ?	*Non*
Est-ce que Paul était avec *moi* ?	*Oui*
Est-ce qu'il y avait *Catherine* ?	*Non*
Est-ce que nous étions au *lycée* ?	*Non*

Etc.

Seulement après ces explications données à toute la classe, vous faites entrer l'un des trois ou quatre élèves qui commence alors à poser ses questions.

Autre règle du jeu possible :

Si le dernier mot de la question se termine par une voyelle, on répond « OUI », s'il se termine par une consonne (qu'on entend ou qu'on n'entend pas), on répond « NON ».

Bibliographie

FIOT
Le français par les mots croisés. **Texte en français facile, Hachette.**

H. AUGE, M.-F. BOROT, M. VIELMAS
Jeux pour parler, jeux pour créer. **Le français sans frontières, CLE International.**

J.-M. CARE, F. DEBYSER
Jeu, langage et créativité. **Collection Le français dans le monde/ BELC, Hachette.**

F. DEBYSER
« Simulation et réalité dans l'enseignement des langues vivantes » dans Ali BOUACHA : *Pédagogie du français langue étrangère,* **pp. 81 à 95, Collection F, Hachette.**

W.-R. LEE
Language teaching. Games and contests. **Oxford University Press.**

A. WRIGHT, D. BETTERIDGE, M. BUCKBY
Games for language learning. **Cambridge University Press.**

D. FIUSA, M.-J. KEHL, F. WEISS
En effeuillant la marguerite. **Langenscheidt-Hachette.**

F. WEISS, P.M. JORGENS, C. BOGDAHN
Parler pour... **Langenscheidt-Hachette.**

M. RENOUARD, F. WEISS
Gammes 1, 2 et 3. **CLE International.**

G. DALGALIAN, S. LIEUTAUD, F. WEISS
Pour un nouvel enseignement des langues et une nouvelle formation des enseignants. **CLE International.**

F. DEBYSER, avec la collaboration de F. YAICHE
L'Immeuble, **Hachette.**

J.-M. CARE, C. MATA-BARREIRO
Le Cirque, **Hachette.**

J. SHEILS
Communication in the Modern Languages Classroom, **Conseil de l'Europe.**

R. PORQUIER, F. CICUREL, E. PEDOYA-GUMBRETIERE
Communiquer en français, **Hatier.**

M. RUANE, S. FEERICK, H. HARNETT, B. CALMY
Kaléidoscope, **Hachette.**

P. JULIEN
Activités ludiques, **CLE International.**

Tables analytiques

Pour faciliter l'utilisation de l'ouvrage, le lecteur trouvera ici des tables analytiques regroupant les fiches selon :
- les niveaux du public utilisateur ;
- les activités et notions langagières ;
- les techniques et procédures de communication en classe ;
- le matériel nécessaire ;

et, en p. 3, un sommaire.

Table n° 1 : Niveaux du public utilisateur

*   **Niveau 1,** débutant (1re et 2e années d'apprentissage du français).
Fiches 1, 2, 3, 4, 5, 7, 8, 9, 10, 12, 13, 14, 15, 16, 18, 19, 20, 23, 24, 29, 30, 43, 44, 46, 48 (variante 1), 49, 51.

* *   **Niveau 2,** moyen (3e et 4e années d'apprentissage).
Fiches 6, 7, 9 (variante), 11, 12, 15 (variante 1), 16 (variantes 1, 2, 3, 5, 9), 17, 20, 21, 22, 23, 25, 26, 27, 28, 29 (variante 1), 30, 31, 32, 33, 34, 36, 37, 38 (variantes 1, 3), 39, 40, 41, 42, 43, 44, 45, 46, 47, 48, 49, 50, 51.

* * *   **Niveau 3,** avancé (à partir de la 5e année d'apprentissage).
Fiches 7, 11 (variante), 16 (variantes 9, 10, 11, 12, 13), 17 (variante), 20, 23, 27, 28, 29 (variante 3), 30, 31, 32, 33, 34, 35, 36, 37, 38, 39, 40, 41, 42, 43 (variante 2), 46, 51.

Table n° 2 : Notions et activités langagières

Expression de la quantité, nombres : Fiches 1, 2, 3.
Se situer dans l'espace : Fiches 45, 47, 48.
Orthographe : Fiches 4, 5, 6, 8, 12.
Sémantique (sens des mots) : Fiches 5, 7, 8, 9, 10, 11.
Classification et catégories grammaticales : Fiche 51.
Emploi du conditionnel : Fiche 40.

Se présenter, présenter quelqu'un, p. 9.
Exprimer une opinion, un sentiment, p. 10.
Demander, donner une information, pp. 11-12.
Résoudre un problème, pp. 13-15.

Réagir devant un énoncé fautif : Fiches 14, 15.
Poser des questions : Fiche 16.
Raconter : Fiches 16 (variante 2), 38 (variante 4), 42.
Analyser une situation de communication : Fiches 20 à 28.
Formuler une demande : Fiche 24.
Reconstituer un texte : Fiche 26.
Trouver une légende : Fiche 28.
Tenir un rôle : Fiches 29 à 35.
Exercer l'imagination
S'exprimer librement   Fiches 36 à 43.
Associer des mots : Fiche 43.
Comprendre une consigne et y réagir : Fiche 44.
Comprendre et transmettre un message : Fiche 46.
Comprendre une description et dessiner : Fiche 48.
S'entraîner à observer : Fiche 50.
Extension de phrases : Fiche 49.

Table n° 3 : Techniques et procédures de communication dans la classe

Les chiffres en gras indiquent la page ou les pages où une définition du terme est donnée.

Travail de groupe, pp. 7, 9-12.
La plupart des activités proposées dans les fiches doivent être réalisées en groupe.

Simulation, pp. 7, 77-85 (fiches 29 à 35).
Sous cette entrée est regroupé ce qui a trait à la dramatisation, aux sketches, aux jeux de rôle et aux mimes.

Créativité, pp. 8, 87-102 (fiches 36 à 43).
Créativité lexicale : fiche 36.
Créativité syntaxique : fiches 37, 38 à 41.
Créativité narrative : fiche 42.

Remue-méninges : pp **13**, 14-15, fiches (variante), 36, etc.

Concassage : pp. 39, fiches 37 et **39** (définition, p. 95).

Table n° 4 : Matériel nécessaire

Fiches   2 : feuille de nombres
        13 : une dizaine d'objets
        14 : documents visuels (scènes de la vie courante, photos, publicités)
        15 : différents textes (dialogues, narrations, descriptions)
        16 : photos, dessins, cartes postales, images publicitaires
        16, variante 1 : faits divers découpés dans les journaux français
        16, variante 6 : noms de métiers inscrits sur des feuilles pliées
        16, variante 7 : feuilles de papier et épingles
        16, variante 10 : noms d'une dizaine d'objets sur des feuilles pliées
        16, variante 11 : jeu de cartes ou images avec des fruits, des vêtements, etc.
        21 : feuilles polycopiées portant des répliques
        22 : feuilles avec questions et feuilles avec réponses ; ou avec phrases (variante)
        24 : série d'images représentant aliments et boissons ou feuilles portant les indications que l'on trouve sur un menu
        25 : polycopies d'un texte à phrases mélangées
        28 : sélection de dessins humoristiques
        32 : quatre ou six chaises
        42 : feuilles avec phrases disparates
        48 : document visuel (image, dessin, photo).

ACHEVÉ D'IMPRIMER PAR
L'IMPRIMERIE HÉRISSEY
À ÉVREUX — N° 48927
Dépôt légal N° 4283-10-1989
Collection N° 21
Édition N° 01

Imprimé en France

15/4790/0